KB072096

# 의사는 윤리적
# 이어야 하는가

# 의사는 윤리적 이어야 하는가

## 의사의 권리, 의무, 의료윤리의 한계에 관하여

장동익 지음

전문직 중에서도 의사에게는 특별히 많은, 수준 높은 지식이 요구된다. 그리고 이 때문에 그들에게는 특권이 부여된다. 문제는 우리 사회가 의사의 특권은 줄이면서 높은 수준의 윤리의식은 요구하고 있다는 것이다. 이 책에서는 의사 전문직에 대한 윤리적 요구의 합당한 몫이 있다는 것을 논의하고, 그 몫을 확인하고 실천하기 위한 의사들의 활동과 태도를 서술하였다.

# 머리말

소크라테스는 사회 혼란의 가장 중요한 원인 중 하나가 '무지'라고 말한다. 무지로부터는 바른 판단과 결정이 나올 수 없으며 필연적으로 그른 결론에 이르게 된다. 오로지 앎을 통해서만 바른 판단과 결정이 생겨날 수 있다. 무지한 사람들에 의한 그른 판단은 사회적 문제를 해결하기는커녕, 더욱 복잡하고 어려운 지경으로 이끌어 갈 것이 분명하다. 앎을 통하여 바르게 판단하고 결정할 때 비로소 사회적 혼란과 어려움에서 벗어날 수 있게 된다. 말하자면 무지는 사회를 혼란스럽게 하지만 앎은 사회를 바르게 한다.

물론 혼란의 원인이 무지 자체에 있는 것만은 아니다. 오히려 무지하여 바른 판단을 할 수 있는 능력을 갖추지 못한 자들이 사회적 문제에 적극 개입하려고 욕심을 부릴 때 혼란을 더욱 가중시킬 수 있다. 앎을 갖지 못한 사람이 앎을 요구하는 분야에 개입하는 것은 혼란을 더욱 심화시킬 뿐이며, 문제를 해결하기는커녕 심각한 문제를 더 많이 양산할 것이기 때문이다. 그래서 앎을 요청하는 소크라테스의 주장은 매우 상식적인 것처럼 보인다. 앎을 요구하는 영역과 분야에 앎을 가진 사람이 참여할 때 어려움이 해결되고, 비로소 바르게 나아갈 수 있다는 것은 합당한 주장처럼 보이기 때문이다.

그러나 소크라테스의 견해는 '엘리트주의'라는 비판에 직면한다. 나아가 지식을 가진 정도에 따라 사회적 차별을 가능하게 하는 '완전주의'

를 옹호하는 근거를 제공한다는 비판을 받기도 한다. 이런 비판에도 불구하고, 소크라테스의 견해가 상당한 매력을 지닌 입장이라는 것만은 부정할 수 없다. 특히 전문직과 관련해서 그의 견해는 엄청난 힘을 발휘한다. 전문직의 핵심 조건은 전문 영역이 요구하는 관련된 지식을 충분히 소유하는 것이다. 그래서 관련된 전문 지식이 없이는 전문직의 일원으로 활동할 수 없다. 전문 지식은 그 전문직의 활동과 목적에 근간이 되기 때문이다. 전문 지식을 갖추지 못한 사람이 전문직 영역에서 활동하는 것은 전문직의 목적을 달성하기는커녕 전문직의 목적을 훼손하고 파괴할 것이다. 이것이 전문직의 또 하나의 핵심인 면허제의 취지이다.

특히 의사 전문직은 전문직 중에서도 특별히 많은, 수준 높은 지식이 요구된다. 그리고 이런 요구 때문에 의사들에게는 특권이 부여된다. 의사에게 부여된 특권은 다양하다. 많은 보수와 존중은 물론 다양한 면책특권을 가진다. 그러나 의사에게 부여된 특권은 그들이 소유한 전문 지식의 정도에 상응하지만, 이런 특권은 의사에게 높은 수준의 윤리성을 요구하는 근거가 된다. 의사에게 요구되는 윤리성의 정도는 의사에게 부여된 특권의 정도에 따라 달라진다. 그래서 특권이 많거나 줄어드는 정도에 상응하여 윤리에 대한 요구도 늘거나 줄어들어야 한다. 역으로 윤리에 대한 요구를 강화하면 특권도 강화되어야 한다. 이것이 전문직 윤리의 특성이다.

문제는 우리 사회가 의사에게 특권은 줄이고 높은 수준의 윤리의식만을 요구하는 경향이 있다는 것이다. 이것은 일관적이지 않으며, 정의롭지도 못하다. 각자에 자신에 맞는 몫이 있듯이 각 전문직에도 합당한 몫이 있어야 하며, 그 몫이 주어져야 한다. 이 책은 의사 전문직에 윤리적 요구의 합당한 몫이 있다는 것을 논의하였다. 그리고 그 합당한 몫을 인식하고 해내기 위한 의사들의 활동과 태도를 서술하였다. 이를 위해서 제1부 "히포크라테스 선서의 몰락"에서는 의료계가 처한 현실의 문제를 다루었다. 또한 의사에게 주어지는 비판과 비난이 정당한 것인지도 논의하였다. 그리고 이런 비판과 비난이 의사들이 주창하는 윤리적 관점, 즉 히포크라테스 선서의 관점에서 의사 전문직 윤리를 확립하려는 태도에서 비롯될 수 있다고 주장하였다.

제2부 "전문직 윤리로서 의사의 윤리"에서는 의사 전문직의 특성과 의사의 전문직 윤리의 상관성을 논의하였으며, 나아가 선행의 의무와 환자의 자율성의 의미를 밝히고, 이 원칙들이 의사의 전문직 윤리에 어떤 의미가 있는지를 해명하였다. 제3부 "의사와 환자의 관계, 그리고 의료의 분배적 정의"에서는 의사와 환자의 관계 모델을 설명하고, 어떤 모델이 현대의 의사들이 지향해야 할 방향인지 논구하였다. 또한 그 모델에 따른 의료와 분배적 정의 문제도 살펴보았다. 제4부 "의사와 의료윤리 교육"에서는 의료윤리 교육의 문제를 다루면서, 철학적 의료윤리 교육과 의료윤리 지침 교육의 차이를 설명하였다. 또한 교육 목적에 따라서 교육 대상과 교육 내용이 각각 달라질 수 있기 때문에, 의료윤리 교육의 목적을 바르게 설정하고, 이에 따라 교육 대상과 교육 내용을 합당한 방식으로 결합해야 한다고 주장하였다. 그렇게 하지 않으면 의료윤리 교육의 목적은 달성될 수 없을 것이다.

의료계의 현실과 문제를 바르게 이해하는 것은 필자 혼자의 힘과 능력으로는 역부족이었다. 그래서 의료계의 현실과 문제에 관심을 가진 이후로 많은 분의 도움을 받았다. 도움을 주신 분들이 아니었더라면 의료계의 현실과 문제를 충실히 이해하기는커녕 섣부른 판단에 머물렀을 것이다. 그리고 섣부른 판단으로 의사윤리를 단정하는 독단을 범하였을지도 모른다. 다행히 도움을 주신 많은 분 덕분에 의료계의 현실과 문제를 충분히 이해할 수 있었으며, 독단에서 벗어날 수 있게 되었다. 이분들의 도움이 없었더라면, 이 책은 충실한 책이 될 수 없었을 것이며, 어쩌면 가능하지도 않았을 것이다. 도움을 주신 분들께 최고의 감사를 드리는 것이 마땅할 것이다.

먼저, 의료윤리의 문제에 눈뜨게 이끌어 주시고, 의료계의 현실과 의사들의 불만을 확인하게 해준 대한의사협회 (전)윤리위원장 박호진 박사님께 감사드린다. 또한 의료계의 현실을 분명하게 체험할 수 있게 많은 기회를 제공해 준 대한소아청소년행동발달증진학회 이사장 박양동 박사님, 늘 한결같은 부드러움으로 의료계의 문제를 설명하여 나를 감명시켰던, 의료와 사회포럼 고문 홍성주 박사님, 분명하고 명료함으로 의료계의 현실과 문제를 꿰뚫어 보시고 조언해 준, 대한의사협회 의료정책연구소장 우봉식 박사님께도 감사드린다. 또한 의료윤리에 대한 연구를 지속하도록 꾸준히 지원해 주신, 순천향의대 고故 박윤형 교수님께 감사드린다. 이분들 모두에게 말로는 다 갚을 수 없는 빚을 졌다. 이 책은 나의 것만이 아니라 이분들을 포함한 '우리의 것'이라고 해도 과언이 아니기 때문이다. 거듭 감사드린다.

청한재에서
2023년 초겨울
장동익

# 차 례

# 제1부
# 히포크라테스 선서의 몰락

# 제1장

# 의사의 파업 그리고 권리와 의무

## '의사'의 권리란 무엇인가?

20세기를 마감하던 2000년, 의사들은 파업을 감행하였다. 설마 파업까지 할까 미심쩍어하던 일이 현실이 되었다. 당시 의사 파업은 매우 강도 높은 것이었으며, 전면적인 의사 파업으로는 건국 이래 최초의 일이었다. 따라서 이 파업으로 인해 대다수 국민은 당황하였고, 그 충격도 엄청날 수밖에 없었다. 더구나 국민은 의사들의 파업에 대해 부정적일 수밖에 없었다. 의사들의 파업은 어떤 이유에서든 꿈에도 생각해 본 적이 없었기 때문이다. 벌써 20년 이상의 세월이 훌쩍 넘은 일을 새삼 검토하는 것이 어떤 의미가 있는지 의문을 가질 사람들도 있을 것이다. 그러나 앞으로 의사의 권리와 의무에 관한 문제를 분명하고 확고하게 해 두려면 이 문제를 상세히 검토하여 분명하게 밝혀 두는 것은 필수적이다. 의사의 권리와 의무에 관한 의사들의 인식은 의사 파업이 있던 2000년 전과 후로 확연히 달라지기 때문이다.

파업 당시에 많은 국민이 생각했던 것처럼, 의사의 파업은 잘못된 것인가? 더구나 어떤 경우에도 의사들이 파업하는 것은 부당한 일인가? 그래서 어떤 이유로든 의사가 파업하는 일은 절대로 있어서는 안 되는가? 의사들의 파업이 어떤 경우에도 부당한 일이라면, 과연 그 이유는 무엇인가? 이 물음에 대답하는 것은 쉬운 일이 아니다. 이것은 의사의 사명, 한 사회에서 의료인으로서의 의사와 직업인으로서 의사의 지위와 책무, 그리고 의사와 환자의 관계 등 여러 측면의 검토가 이루어져야만 비로소 그 대답이 가능할 것이기 때문이다. 더구나 의사를 제외한 여타 의료인의 파업은 이 사회에서 어느 정도 허용된다는 점에서 의사 파업과 여타 의료인 파업이 어떤 차이가 있는지도 해명되어야만 한다.

또한 의사 파업의 정당성 문제에 대한 고찰은 이론적 흥미뿐만 아니라 의사 파업이 한 사회에 엄청난 파장을 불러일으킨다는 점에서 충분한 논의와 연구가 이루어져야 한다. 의사 파업에 관한 논의와 연구는 사회의 다양한 영역과 계층에 영향을 미치고 영향을 받기 때문이다. 그러나 이 논의와 연구의 방향이나 결론이 대중의 여론에 따라 결정되어서도 안 된다. 오히려 이와 관련된 분야의 전문가들이 참여할 때에만 성과를 얻을 수 있다. 특히 의사, 의료 행정가, 윤리학자, 법학자, 사회학자 등이 이 논의에 직접 관련되어 있다. 그럼에도 불구하고 의미 있는 논의와 연구가 미진한 상태이며, 그런 까닭에 다양한 관점의 성숙한 연구 성과도, 그리고 향후 대책도 제시되어 있지 않다. 이 주제의 사회적 중요성을 생각한다면 이해할 수 없는 일이다. 그래서 의사 파업에 관한 관심과 다양한 논의를 촉진하고, 의사의 권리와 의무에 관한 바른 정립을 위한 노력이 필요하다. 바로 이것이 이 글의 목적이다.

물론 윤리적 관점에서 2000년도의 의사 파업을 고찰한 연구 업적이 전혀 없었던 것은 아니다. 사실 이때 출판된 업적들이 많지는 않지만, 어떤 업적은 파업의 정당성과 관련한 윤리적 발판을 마련했다는 기대를 모으기도 했다. 적어도 국내에서는 의사 파업 내용을 공들여 정리했다는 평가를 받기도 했다. 특히 하나의 저술이 주목을 받았다.[1] 그렇지만 2000년 의사 파업의 정당성 여부를 궁금해 했던 독자라면, 그 내용에 큰 만족을 얻지는 못했을 것이 분명하다. 이 저술이 많은 관심을 끌기는 했지만, 그 내용은 의사 파업의 정당성에 대한 철저한 논의라기보다는 이에 대한 일반적인 설명으로 이루어졌기 때문이다. 그래서 의사 파업에 관한 윤리학적 탐구가 없지는 않다는 위안을 주는 수준을 넘어서는, 의사 파업의 원인과 결과를 의료윤리적 관점에서 중요성을 밝힌 탐구로 평가하기에 충분한 건 아니다.

이 저술들이 단지 위안을 주는 수준을 넘지 못하는 보다 중요한 이유는 의사 파업 자체의 정당성 여부, 즉 의사에게 파업의 권리가 있는지는 전혀 논의하지 않기 때문이다. 물론 의사에게 파업의 권리가 있다는 것을 전제하고서 의사 파업의 문제를 고찰하는 것은 가능하다. 그러나 의사에게 파업의 권리가 있는지를 해명하는 것이 더 심도 있는 고찰이라는 것은 말할 필요도 없다. 그리고 의사에게 파업의 권리가 있는지를 고찰하는 것이 논의의 순서에서 우선한다는 것도 분명해 보인다. 그렇다고 이 연구들이 의사 파업의 권리를 전혀 논의하고 있지 않다는 것도 온당한 평가는 아니다. 비록 의사 파업의 권리에 관하여 깊이 있는 논의는 아니지만, 이에 대해 비록 개괄적일지라도 언급하는 연구들이 없지 않기 때문이다.

그래서 이 연구 업적들을 선의로 해석한다면, 의사 파업의 권리에 대해 전혀 논의하지 않았다는 비판은 좀 지나친 것일 수 있다. 세계 여러 나라의 파업 사례를 열거함으로써 의사 파업의 권리에 대해 논의하고 있다고 해석할 수 있는 여지가 있기 때문이다. 그러나 단지 사례를 열거하는 서술을 통해 파업의 정당성을 확보할 수는 없다. 이런 논의 방식은 한 측면에서 논리적 오류, 구체적으로는 '피장파장의 논리적 오류'를 범한다는 비판에 직면할 것이기 때문이다.[2]

외국 의사들의 파업이 정당한 것이 아니라면, 외국의 파업사례를 열거하는 방식은 우리나라 의사 파업의 정당성을 제공하지 못한다. 따라서 외국의 여러 나라에서 의사가 실제로 파업한 사례가 있다할지라도, 의사의 파업 자체가 정당하다고 말할 수는 없다. 또한 이런 논의 방식은 동시에 당위와 사실을 혼동했다는 비판을 받을 수도 있다. 파업의 권리는 없더라도, 파업이라는 행위는 얼마든지 발생할 수 있다. '해야만 하는 것'은 '할 수 있는 것'이어야 한다. 그렇지만 할 수 있는 것이라고 해서, 해도 되는 것은 아니다.[3] 어떤 사실이 발생했다고 해서, 그것이 옳다는 것을 필연적으로 보장해 주는 것은 아니다.

세계 여러 나라의 의사 파업 사례가 국내의 의사 파업의 정당성 근거가 될 수 있으려면, 적어도 세계 여러 나라의 의사 파업 사례가 2000년도 의사 파업의 사례와 어떤 연관성이 있는지가 해명되었어야 한다. 즉 세계 여러 나라 의사 파업이 발생한 이유와 상황 그리고 그들의 주장이 2000년 의사 파업과 어떻게 유사하고 어떻게 다른지가 해명되어야만, 이에 근거하여 우리나라 의사 파업의 정당성도 논의할 수 있다.

그렇지 않다면 설득력 있는 논의라고 할 수 없다.

　당시 의사 파업을 기술하고 논의하는 방식은 상당히 단순한 형식을 취하고 있었다. 특히 파업을 바라보는 두 개의 시각, 즉 의사들의 경제적 이익을 위한 투쟁과 국민 건강권 확보를 위한 의로운 투쟁을 단순히 열거하는 경향이 강했다. 각각의 입장에 대한 어떤 구체적인 평가나 해석을 제공하려고 시도하지 않았다. 의사 파업에 대한 세밀한 평가가 있었어야 했지만, 대부분이 학자들이 이런 논의를 꺼렸다. 통상 윤리학적 고찰은 어떤 입장에 서더라도, 상대측의 비난과 원성을 피할 수 없기 때문이었을 것이다.

　그래서 대부분의 연구가 의사 파업의 과정을 단순히 나열하는 경향을 보였다. 그리고 파업이 의사들의 경제적 이익 보전, 그리고 의사협회 내부 갈등을 해소하기 위한 것 등 파업의 부당성을 보여주기 위한 주장은 다양하게 제시되었다. 반면에, 의사 파업이 국민 건강권을 확보하기 위한 것이라는 대한의사협회의 공식적인 입장은 상대적으로 크게 부각되지 못하였다. 사실 건강권을 확보하기 위한 파업이라는 주장은 의사들의 외침에 그쳤을 뿐, 다른 집단들은 의사의 주장을 믿으려 하지 않았다. 의사 파업에 관한 논의들도 이런 주장을 상대적으로 가볍게 취급함으로써 의사 파업이 정당하지 않다는 것을 암시적으로 드러낸 것은 아닌지 의심스럽다.

　대부분의 논의가 의사 단체가 환자의 건강권을 위해 투쟁할 만큼 의로운 집단이었다면 왜 그동안 침묵으로 일관했느냐는 비난의 목소리를 전달하는 것에 더 의미를 두었다. 그리고 이를 해명하는 어떤 누평도 찾아볼 수 없었다. 의사 단체가 환자의 건강권을 위해 투쟁할 만큼

의로운 단체가 아니라는 비난은 의사단체의 정체성과 파업의 정당성 여부와 관련해서 매우 중요한 것이다. 의사 파업의 정당성을 확보하는 데 있어서 이런 비난에 대한 해명은 결정적이다. 따라서 이런 비난이 의미 있다고 제시되었지만, 이에 대해 어떤 해명도 없다면, 의사 파업은 정당성을 잃게 되며, 결국 비판자들의 승리로 끝을 맺게 될 것이다. 따라서 의사들은 이에 대한 적극적인 해명을 했어야 한다. 그러나 20년의 세월이 지난 지금까지 의미 있는 해명이 제시되어 있지 않으며, 노력의 흔적도 찾기 어려운 것은 매우 아쉬운 점이다.

의사 파업의 정당성 문제는 사실상 두 가지의 문제이다. 하나는 의사에게 파업의 권리가 있는지의 여부이다. 만약 의사에게 파업의 권리가 없다면, 의사 파업은 그 자체로 부당한 것이며, 어떠한 이유에서든 용인될 수 없다. 이것은 '의사 파업 자체의 정당성 문제'라고 할 수 있다. 그러나 또다른 하나는 의사에게 파업의 권리가 있을 경우, 특정한 상황에서 발생한 하나의 의사 파업에 관한 것이다. 이 경우 파업의 정당성은 파업의 상황에 크게 의존한다. 그래서 그 의사 파업에서 의사들이 주장하고 요구하는 내용에 따라 그 파업의 정당성 여부가 가려질 수 있다. 이것은 의사들의 주장과 요구의 정당성과 관련된 사항이다. 이것을 '의사들이 제기하는 주장과 요구에 따른 의사 파업의 정당성 문제'라고 할 수 있다. 의사 파업 자체의 정당성은 '의사에게도 파업의 권리가 있는가'에서 다룰 것이다. 그리고 의사들의 주장과 요구에 따른 정당성 문제는 '과연 2000년도 의사 파업은 정당한가'에서 다루겠다.

# 의사에게도 파업의 권리가 있는가?

현대 사회에서 의사에게도 파업할 권리가 있는지 그렇지 않은지를 먼저 검토하는 것이 앞으로의 논의에 도움이 될 것이다. 그러나 의사 파업에 관한 모든 사항을 고찰하여 이에 관한 해답을 제시하는 것은 불가능하다. 왜냐하면 이 주제는 많은 영역에 걸쳐 있는 다양한 논의를 통해 이루어져야 하기 때문이다. 따라서 의사 파업의 정당성에 관하여 이미 제시된 몇 가지 논의 근거와 관련 주장을 살펴보는 것으로 만족해야 한다.

의사 파업 자체의 정당화 문제를 고찰하기 위해서, 즉 의사에게도 파업의 권리가 있는지를 해명하기 위해서 당시 의사 파업에 대한 몇 가지 비판을 검토해 보자. 당시 의사 파업이 부당하다고 주장하기 위해서 제시된 근거는 다음 세 가지이다.

1. 국민의 불편을 담보로 삼는다.
2. 모든 권리에 우선하는 최고의 권리인 생명권을 소홀히 하고 있다.
3. 선행의 원칙에 입각한 의사의 의무와 어긋난다.

과연 이런 근거가 의사 파업을 부당한 것으로 당연시할 수 있는 결정적 근거가 될 수 있는지 살펴볼 필요가 있다.

첫째, 많은 사람은 의사 파업이라는 행위는 '무고한' 제삼자인 국민을 불편하게 하는 것으로 국민의 건강을 담보로 한 투쟁이라는 점에서 그 자체로 정당성을 결여했다고 말한다. 의사들이 파업을 통해 단기 정부를 압박하여 더 많은 이익을 얻어내기 위해 국민의 건강을 위협했다는 것이다. 이런 주장은 어떤 행위의 부도덕함을 주장할 수 있는 결정적 근거로 인정될 수 있다. 의사들이 오로지 더 많은 이익을 얻기 위해 파업함으로써 국민의 건강을 위험에 빠뜨렸다면, 의사 파업은 결코 용인될 수 없다. 이런 방식의 의사 파업은 인간을 수단으로 이용하고 있기 때문이다. 이것이 사실이라면, 인간을 수단이 아닌 목적으로 대우하라는 이마누엘 칸트Immanuel Kant의 '정언 명령'을 위반한 것으로 비난받아 마땅하다고 생각할 수 있다.

칸트는 "네가 너 자신의 인격에서나 다른 모든 사람의 인격에서 인간(성)을 항상 동시에 목적으로 대하고, 결코 **한낱** 수단으로 대하지 않도록, 그렇게 행위하라"[4]고 말한다. 칸트의 이 주장은 인간을 목적으로 대우하라는 정언 명령이다. 인간을 목적으로 대우하라는 칸트의 주장은 인격체의 가치는 조건적인 것이 아니라 그 자체로 목적이라는 것이다. 그러나 칸트가 이 정언 명령을 '어떠한 경우에도 인간을 수단으로 삼아서는 안 된다'는 명령으로 이해한 것은 아니다. 칸트는 인간을 수단으로 대하지 말라고 주장한 것이 아니라 '**한낱** 수단'으로 대하지 말라고 주장하였다. 칸트에게 있어서 인간을 수단으로 대우하는 것과 단지 또는 한낱 수단으로 대우하는 것은 엄청난 차이가 있다. 만약 칸트의 정언 명령을 인간을 수단으로 대우하는 모든 경우를 금지하는 것으로 이해한다면, 오늘날의 어떤 사회도 존립할 수 없게 된다. 왜냐하면 많은 사람이 서로를 수단으로 이용하며, 바로 이 점을 통해 사회를 이루며 살아가기 때문이다.[5]

'수단'이라는 어휘는 두 가지 의미를 가지고 있다. 하나는 "어떤 것을 인격으로가 아니라 사물로 여긴다"는 의미이고 또 다른 의미는 "단순히 어떤 일을 하기 위하여 이용 또는 활용한다"는 의미이다. 전자는 그 대상이 사용될 때에만 가치를 갖게 되며, 그 대상의 가치는 조건적 가치에 불과하다는 것을 의미한다. 후자는 이용하기 때문에 가치가 생겨나는 것을 의미하지 않는다. 이 경우에 해당하는 예가 환자가 병을 치료하여 고통에서 벗어나기 위해 의사를 수단으로 이용하는 경우이다. 칸트는 후자의 의미에서 인간을 이용하는 것을 부정하지 않는다. 이것은 인간의 '자율성'을 침해하는 것이 아니기 때문이다.

반면에 전자의 의미에서 수단으로 대우하는 것은 인간을 사물로 여기는 동시에 인간의 자율성을 침해한다. 이 경우에 인간의 가치는 조건화되고 수단이 되며 대상화된다. 사실 칸트가 말하는 목적으로 대우하라는 것의 의미는 인간의 자율성을 침해하는 방식으로 행동하지 말하는 것이다. 그러나 현대 사회의 주요 특징인 협동과 협력의 의미는 서로를 이용하는 활동에 전적으로 의존한다. 이런 협동과 협력은 후자의 의미에서 수단으로 대우하는 것을 함축하기 때문이다. 그렇다면 파업의 부당성을 지적하기 위해 인간을 목적으로 대우하라는 칸트의 정언명령을 근거로 제시하는 것은 성공적일 수 없다.[6]

한편, 현대 민주주의 국가에서 주인은 국민이다. 정부의 정책과 국민은 전혀 무관하지 않다. 국민은 정책 시행의 근원적 힘을 제공하며, 그 정책 시행에 따른 혜택을 받는다. 즉 정부의 정책에 잘못이 있다면, 국민은 그 잘못의 주체임과 동시에 피해자이다. 따라서 국민은 이런 잘못된 정책을 바로잡기 위해 노력해야 한다. 국민은 잘못된 정책의 주체로서 책임이 있으며, 이를 바로잡음으로써 피해를 줄이고 이익을 얻을수 있기 때문이다. 따라서 잘못된 정책을 바로잡기 위해서 어떤 특단의 조치가 필요할 수 있다. 이 경우 이런 조치의 결과로 국민의 일시적 불편이 생겨날 수 있다. 그러나 이러한 국민의 일시적인 불편을 근거로 어떤 특단의 조치가 부당하다는 주장은 정당화될 수 없다. 여기서 의사 파업이 이런 특단의 조치에 속하는 것이라면, 의사 파업이 부당하다는 주장은 힘을 얻기 어렵다.

더구나 파업이라는 것은 이미 그 목적 자체가 파업 대상을 불편하게 하고, 나아가서 그 대상에 피해를 입혀 자신들이 원하는 바를 획득하려는 것이다. 물론 그 피해가 치명적이어서는 안 되겠지만, 파업은 피해를 근본적으로 함축하며 불가피한 것으로 여겨진다. 여기서 의사 파업도 예외일 수는 없다. 그렇다면 의사 파업이 국민에게 피해를 입힌다고 해서 파업 자체가 불가능하다거나 부당하다고 주장할 수는 없다. 물론 공공성을 위해 어떤 집단의 파업이 제약될 수는 있다. 그러나 이 경우에도 파업의 권한 자체가 무시되거나 부정되는 것은 온당하지 않다.[7]

둘째, 행복 추구권, 건강권, 생명권 등은 인간이 누려야 할 기본적 권리이다. 전통적으로 생명권은 건강권이나 행복 추구권보다 우선한다는 것은 상식에 속할 정도로 일반적 견해였다. 말하자면 기본적 권리들 간에 우열이 있다는 것이다. 의사 파업의 부당함을 주장하는 사람들은 이런 견해를 받아들이는 것처럼 보인다. 그래서 의사들이 아무리 지고한 가치를 파업의 목적으로 제시하더라도 생명을 담보하는 상황이 초래된다면, 그 파업은 부당한 것으로 간주되기 쉽다. 파업의 권리는 생명의 권리보다 더 우선하기 때문이다. 과연 의사 파업과 관련하여 이러한 주장은 합당한가?

의사 파업이 그 성격상 생명을 담보로 할 수밖에 없다고 해보자. 생명을 담보로 한 모든 파업이 부당한 것이라면, 결국 생명을 담보로 할 수밖에 없는 의사 파업은 그 자체로 부당한 행위이다. 따라서 의사 파업은 그 자체가 부당한 것으로 어떠한 경우에도 허용될 수 없다. 그렇다면, 의사에게 파업의 권리는 없다. 이런 논의는 일견 합당해 보인다. 그러나 이런 논의가 설득력을 지니기 위해서는 먼저 생명권이 여타의 다른 권리보다 항상 우선한다는 주장이 확립되어야만 한다.

한 사람이 행복이나 건강을 추구하기 위해서는 먼저 살아 있어야 한다. 따라서 생명권이 건강권 또는 행복 추구권보다 우선한다는 주장은 그럴듯해 보인다. 그러나 이런 주장은 파업의 정당성 여부의 근거로 제시될 수 없다. 왜냐하면 파업의 문제에서 서로 상충하는 것은 환자의 생명권과 그 환자의 행복 추구권이 아니라, 환자의 생명권과 의사의 행복 추구권이기 때문이다. 다시 말해 한 개인의 여러 기본권은 그 우열을 말할 수 있겠지만, 한 개인과 타인의 관계에서 그 우열을 말하는 것은 간단하지 않다. 다만 환자의 생명권이 의사의 행복 추구권보다 우선하는 경우에만 의사 파업이 부당하다고 말할 수 있다. 그렇지만 과연 환자의 생명권이 의사의 행복 추구권보다 우선하는가? 이 물음을 해결하지 않고서는 환자의 생명권에 의거한 논증은 의미가 없다.

사실 의사 파업이 환자의 생명권을 무시한 것이라고 말하는 것은 지나친 것일 수 있다. 의사 파업 자체가 환자의 죽음을 양산한다는 것을 함축하지 않기 때문이다. 더구나 의사들이 응급 환자 등과 같은 긴급 의료를 중단하는 등의 과격한 파업을 한 것이 아니라면, 그래서 환자의 생명에 관한 기본적인 치료를 행한다면, 의사 파업이 환자의 생명권을 위협한다는 주장은 과도한 것일 수 있다. 이런 경우 의사 파업은 환자의 진료 받을 권리를 제약한 것일 수는 있어도 환자의 생명권을 침해한 것은 아닐 수 있다. 그리고 이 경우에 의사 파업은 의사의 행복 추구권과 환자의 진료 받을 권리의 대립으로 이해되어야 한다.

설령 환자의 생명권이 문제되더라도, 한 사람의 생명권이 다른 사람의 여타의 권리보다 우선한다는 주장은 과거의 진부한 견해일 뿐이다. 타인과의 관계에서 기본권의 우열을 주장하는 견해가 설득력을 상실한 지는 오래되었다. 현대 윤리학의 일반적 논의에 따르면,[8] 자신이 살기 위해서 타인의 행복을 박탈할 권리를 가지고 있지 않다. 즉 자기의 생명권을 확보하기 위하여 타인의 행복을 희생하도록 요구할 권리를 가진 사람은 아무도 없다. 예를 들면, 암환자가 생명을 유지하기 위해 고가의 약을 무료로 요구할 수 있는 권리는 없다.

암환자의 생명의 권리가 제약업자의 재산권보다 더 우위에 있지 않다는 것은 분명하다. 만약 생명의 권리가 재산권보다 우위에 있다면, 자본주의 국가의 의료, 제약 분야는 존립조차 어렵게 될 것이다. 따라서 현대 사회에서 한 사람의 생명권이 타인의 여타의 기본권보다 우선해야 한다는 것은 당연한 주장도 자연스러운 주장도 아니다. 그렇다면 타인과의 관계에서 타인의 여타 기본권보다 한 사람의 생명권이 우선한다는 주장은 자명한 것이 아니다. 따라서 의사 파업이 부당하다는 논거로 환자의 생명권 우선 원칙을 제시하는 것은 설득력이 크게 떨어진다.

셋째, 의사에게는 선행의 의무가 있기 때문에 의사 파업은 부당하다고 주장하는 사람들이 있다. 이 사람들은 선행의 원리가 의사의 의무라고 단적으로 주장한다. 그리고 의사 파업은 선행의 의무에 어긋나는 것으로 비난받아 마땅하다고 주장한다. 의료윤리에서 선행의 원칙은 반드시 지켜져야 할 의무이며, 다른 사람을 적극적으로 돕지 않으려는 의사는 도덕적 비난을 피할 수 없다는 것이다. 그러나 선행이 의사의 의무라는 주장은 어떤 근거에 입각한 것인가?

물론 사회의 한 집단이 자신의 의무를 선행이라고 주장하고 이를 행한다면, 일반 국민이 이런 노력을 막을 이유는 없다. 오히려 권장할 만한 일이기도 하다. 그러나 어떤 한 집단이 선행의 의무를 가지고 있다면, 그 집단은 존속할 수 없을지도 모른다. 즉 의사가 선행을 의무로 갖는다면, 더구나 칸트가 말한 '완전한 의무'를 의미한다면, 의사들은 선행을 하기 위해 선행 말고는 어떤 것도 할 수 없는 처지에 놓이게 된다. 선행이 어떤 사람의 완전한 의무라면, 그는 선행의 의무를 다하느라 다른 일에는 신경 쓸 여유가 없기 때문이다. 따라서 스스로 원하는 경우를 제외하고 어떤 집단에게도 선행을 의무로 강제할 수 없다. 의무는 정도를 허용하는 개념이 아니기 때문이다.[9]

우리는 선행을 행하는 사람을 칭찬할 수는 있지만, 선행을 하지 않는 사람을 비난할 수도 없다. 예를 들면 우리가 일반적으로 구걸하는 사람들에게 자선을 베풀지 않았다고 비난하지 않는 것과 마찬가지이다. 칸트도 '불완전'이라는 용어를 사용함으로써 이 점을 분명히 하고 있다. 따라서 선행이 의무라 하더라도 불완전한 의무라면, 한번 선행을 이행하지 않았다고 해서 비난받을 이유가 되지는 않는다. 칸트는 선행에 '불완전'이라는 수식어구를 덧붙여 선행을 정도가 있는 개념으로 제시한다. 그러나 이런 설명은 많은 문제점에 봉착한다. 얼마나 어느 정도 선행을 해야 도덕적 비난을 면할 수 있는가? 덕을 의무 윤리학 체계 속에 포함시키려는 칸트의 노력은 가상하나, 이를 받아들이면 납득하

기 어려운 이론이 된다.[10]

그럼에도 불구하고 '선행'이 의사의 의무라고 여전히 주장하는 사람들이 있다. 이러한 주장을 납득할 수 없지만, 이를 밝히기 위하여 선행의 원리가 무엇인지 살펴 볼 필요가 있다. 의료의 원칙으로 선행의 원리를 제시한 톰 비첨Tom L. Beauchamp과 제임스 칠드레스James F. Childress는 '선행beneficience'과 '선의benevolence'를 구별하고 있다.[11] 전자는 어떤 행위의 결과에 있어서 타인에 도움이 되는, 즉 이익이 되는 행위이다. 그렇지만 후자는 선한 성품을 의미한다. 비첨과 칠드레스가 제시하는 선행의 원리는 전자의 의미이다. 즉 이들이 제시한 선행의 원리는 우리에게 선한 마음을 가지라고 요구하지 않는다. 또한 의사가 선한 의도에서 행동할 것을 요구하는 것도 아니다. 이것이 의사의 원칙이 되는 것은 단지 의료 행위 자체가 타인을 돕는, 즉 이익을 가져다주는 행위이기 때문이다.[12]

선행의 원리를 의사 파업에 적용할 수 있다고 해 보자. 이 상황에서 선행이 선한 의도나 성품을 요구하지 않는다면, 의사 파업이 선행의 원리에 부합하는지 그렇지 않은지를 판단하기는 쉬운 일이 아니다. 의사 파업이 국민의 건강권을 확보하고 진료의 질적 향상을 가져왔다면, 이것은 환자에게 이익이 되는 것으로 선행의 원리에 부합하는 것이기 때문이다. 그러나 의사 파업이 국민의 건강권에 도움이 되지 않았다면, 의사 파업은 선행의 원리에 위배된다. 결국 의사 파업은 환자에 선을 결과했는지에 따라 달라지게 된다. 그렇다면 의사 파업권 자체는 선행의 원리에 의해서도 부정되지 않는다.

또한 선행이 의사의 의무라는 것을 인정할지라도, 이 선행의 의무는 매우 제한적이어야 한다. 비첨과 칠드레스의 말에 따르면, 일반적 선행과 특정한 선행으로 구분할 수 있으며, 일반적 선행은 호혜성reciprocity에 근거하고, 특정한 선행은 환자와 의사를 연결시키는 제도나 계약을 통한 특별한 도덕적 관계에서 생겨난다.[13] 이 말은 의사의 모든 활동에 선행의 의무를 적용할 수 없다는 것을 의미한다. 그리고 제도나 계약을 통한 특별한 도덕적 관계의 종류에 따라 의사의 의무가 되는 선행의 종류도 달라지게 된다. 그렇다면 어떤 선행들이 의사의 의무에 해당하는가?[14]

분명 응급환자의 진료나 긴급 치료는 의사에게 부가된 의무로 일종의 선행이다. 그러나 선행을 의사의 의무로 주장하기 위해서는 의사와 환자의 도덕적 관계가 무엇인지를 알아야 한다. 즉 의사와 환자를 연결시키는 제도나 계약이 어떠한지에 대한 논의 없이 어떤 선행을 의사의 의무로 열거하는 것은 근거 없는 주장에 불과하다. 그렇다면, 의사 파업이 선행의 의무에 위배된다는 주장도 근거 없기는 마찬가지이다.

비록 충분하지는 않을지라도, 이상의 간략한 논의만으로도 의사 파업 자체가 결코 불가능한 것은 아니라는 것을 말해주고 있는 것처럼 보인다. 그리고 적어도 의사에게도 파업의 권한이 있다는 주장을 가능하게 해주는 것처럼 보인다.


## 과연 2000년도 의사 파업은 정당한가?

의사에게 파업의 권리가 있다고 하더라도, 의사들의 모든 파업이 다 정당한 것은 아니다. 그렇다면 의사에게 파업의 권리가 있다 할지라도, 2000년 의사파업이 곧바로 정당하다고 말할 수는 없다. 이제

2000년 의사 파업이 과연 정당할 수 있는지를 물어보기로 하자. 2000년 의사 파업의 정당성을 논의하기 위해서는 그 당시 주요 논점이었던 두 가지 주장을 검토해 보는 것이 좋을 듯하다.[15] 하나는 의사 파업에 부정적 시각을 가졌던 입장으로, 의사 파업이 의사의 경제적 이익을 위한 집단 이기적인 파업일 뿐이라는 주장이다.[16] 이와 달리 다른 하나는 의사의 진료권 확보와 진료 환경 개선을 위한 파업이며, 이것은 국민을 위한 것이라는 주장이다. 2000년 의사 파업은 이 두 주장의 타당성에 따라 정당성 여부가 결정될 것이다.

2000년 의사 파업이 의사의 경제적 이익에 따른 것이라는 주장은 국내 의사 파업이 정당하지 않다는 것을 주장하고 의사 파업을 비판하기 위한 것이었다. 이런 관점은 의사가 경제적 이익을 위해 파업하는 것은 그르다는 것을 함축한다. 그렇다면 경제적 이익을 위해 의사가 파업하면 부당한 것인가? 사실 어떤 종류의 파업이라 할지라도, 파업은 대체로 파업 주체의 이익을 위한 행위이다. 파업 자체가 가능하다면, 설령 파업의 권리가 제한되어 있을지라도 허용된 범위 안에서의 파업은 파업 주체의 이익을 배제할 수 없다. 그렇다면 유독 의사 파업만이 자신의 이익을 위한 것이어서는 안 되는 이유가 무엇인가?

전통적으로 의사들에 대한 우리의 믿음은 TV 드라마에서 보았던 허준과 같은 것이다. 다시 말해서 환자의 경제적 능력에 연연하지 않고, 치료비를 부담할 수 없는 환자에게도 의료 서비스를 제공해야 한다는 것이다.[17] 그러나 오늘날의 의사에게 이것을 전적으로 강요할 수 있는가? 국민이 이것을 의사의 기본적 자세로 받아들인다면, 이것은 모든 의사들을 성인군자와 동일시하는 것처럼 보인다. 그러나 의사는 사회의 봉사자임과 동시에 전문 직업인이다. 한 사회는 전문 직업인으로서 의사에게 의무를 부여하는 대신에 이에 상응하는 이익과 권리를 보장해주어야 한다. 그저 막연히 의무만을 강요하는 것은 옳지 못하다.

외국의 경우이긴 하지만, 심지어 미국 연방상업위원회Federal Trade Commission는 의사를 사업자로 간주하기도 한다. 즉 이익을 위해 경제 활동에 종사하는 개별자로 간주한다. 더구나 자신을 피고용인이라고 생각하는 미국 의사들은 이익 추구를 위한 의사 단체를 결성하기까지 하였다.[18] 이것은 봉사자로서의 의무를 어느 정도는 벗어버리고, 전문 직업인으로서 영역을 확보하려는 의사들의 움직임이다. 이런 의사들의 태도가 부당하다고 말하는 것은 지나친 처사다.

2000년도 의사 파업 당시 대한의사협회는 자신들의 파업이 의사의 진료권 확보와 진료 환경 개선을 위한 것이며, 이는 국민을 위한 행위라고 주장했다. 그러나 파업에 반대하는 쪽에서는 대한의사협회의 신뢰성을 의심했다. 대한의사협회가 국민을 생각하는 정의로운 집단이었다면, 그동안 침묵하고 있었던 이유가 무엇이냐는 것이다.[19] 이런 주장이 사실이라면 대한의사협회는 그 신뢰성을 의심받기에 충분하다. 그러나 의사 단체의 지도부나 대표의 끊임없는 개선의 노력이 있었다면, 이런 비판도 결정적인 것은 아닐 수 있다. 더구나 단체 전체의 움직임은 쉽게 이루어지는 것이 아니라는 점을 생각해 보면 더욱 그렇다.

어떤 부조리와 불합리가 있다고 해서 큰 규모의 단체가 매순간 반응하는 것은 아니다. 한 사회의 최고 지성인으로서 지도적 위치에 있는 단체라면 더욱 그렇다. 심지어 한 단체 전체가 억울함과 분노를 표출하는 것은 더욱 어려운 것이다. 역사적으로 보면 이런 표출에는 어떤 촉매가 작용하고 있음을 쉽게 알 수 있다.

2000년에 국내 의사들이 폭발하여 파업에 이르게 된 것에도 어떤 촉매가 있었음이 틀림없다. 의사의 진료권 확보, 진료 환경 개선, 열악한 진료 시설과 연구 시설, 경제적 불안감 등으로 내부에서 오랫동안 끓어오르던 화산이 의약분업이라는 명목하에 시행된 진료권 위협에 따른 경제적 손실, 이로 인한 미래에 대한 불안감이라는 촉매에 의해 의사 파업으로 결국 폭발해 버린 것은 아닐까? 그렇다면, 대한의사협회가 침묵했다고 해서 그들의 신뢰성을 의심하는 것은 설득력이 약하다.

역사적으로 위대한 일도 그 촉발은 아주 사소한 것일 수 있다. 물론 그 사소한 일이 그 위대한 일의 원인은 아니다. 제1차 세계대전을 촉발한 사라예보 사건이 그 전쟁의 원인이 아니듯이,[20] 의사 파업의 촉매를 의사 파업의 원인이라고 말하는 것은 옳지 않다. 만약 경제적 불안감이 의사 파업의 촉매라면, 의사 파업의 원인은 경제적인 문제가 아니라 대한의사협회의 주장대로 진료권의 확보와 진료 환경 개선이라는 주장은 여전히 견지될 수 있다.

지금까지 의사 파업의 정당성과 관련한 주장들이 결정적인 것이 아님을 살펴보았다. 아마도 이 주장들의 상당수가 이론적인 측면보다는 심리적 측면에 크게 의존하고 있기 때문일 것으로 생각한다. 이런 주장들이 감정에 호소하여 어떤 주장을 내세우는 한, 그 논의는 진정으로 성공할 수 없다. 심리적 위축에 의한 성공과 실패는 진정한 것이 아니기 때문이다. 따라서 의사 파업에 반대하는, 그리고 의사에게 파업의 권리가 없다고 주장하는 사람들 상당수가 감정에 호소하는 주장을 한다. 이런 방식의 주장은 결코 바람직한 논의로 발전하여 성숙될 수 없다.

## 의사와 환자의 새로운 관계 설정

현대는 의사-환자-사회의 관계가 변화를 겪고 있는 시점이다. 선행 모델에서 자율성 모델로 이행하고 있는 시점인 것이다.[21] 그러나 문제는 우리 사회가 의사에게 선행 모델의 의무나 책임을 요구하고, 자율성 모델의 권한과 권리만을 부여한다는 점이다. '의사醫師'는 '의술을 베푸는 스승님'을 의미한다. 스승에 대한 우리 사회의 의미는 신망과 존중이다. 실로 그 그림자마저 존중했으니, 스승에 대한 기대와 존중이 어떠한 것인지 짐작할 수 있을 것이다. 그러나 의사는 스승으로서의 역할을 다하고 있는가? 우리는 의사를 스승님처럼 존중하고 있는가?

우리 사회의 현실은 의사의 스승으로서의 역할과 권한은 축소되고 과거에 부가되었던 의무는 아직도 의사를 괴롭히고 있다. 아마도 의사들은 스승으로서 의무는 벗어버리고, 스승으로서 권리는 남겨 두고자 할 것이다. 일반 국민은 의사들에게 스승으로서 의무는 지우고 그 권리는 박탈하여 환자들의 자율성을 확대하고자 할 것이다. 이것이 우리가 가진 상반된 모습이다. 이러한 혼란에 종지부를 찍은 사건이 의사 파업이었다. 말하자면 의사 파업은 자율성 모델로 이행을 선언한 셈이다. 이것은 이후에 의사 단체들이 보인 모습들에서도 확인되지만, 그렇다고 이에 대한 논의가 제대로 이루어진 적은 없다. 이제 의사의 권리와 의무는 이러한 관점에서 재조명되어야 한다.

의사의 환자에 대한 성직자 모델이나 선행 모델은 자유 개념을 근본으로 삼는 자본주의 사회에 어울리는 의사의 진정한 모습을 제공하지 못한다.[22] 의사들이 파업의 권한을 당연한 것으로 인식하고, 또한 이를 주장하고자 한다면, 이런 모델에 해당하는 스승으로서의 역할도 포

기해야 한다. 스승으로서 권위를 포기하고 하나의 전문 직업인으로서
자세를 확립해야 한다. 이제 의사는 과연 무엇을 해야 하며, 무엇을 할
수 있을 것인가?

# 제2장

# 히포크라테스 선서의 현대적 적용의 문제점

## 히포크라테스 선서의 역사적 발자취

히포크라테스 선서는 의료에 있어서 도덕적 금언으로 오랫동안 사용되었다. 히포크라테스 선서는 고대에는 말할 것도 없지만, 현대에서조차도, 생명의료윤리 영역의 논의는 히포크라테스 선서를 재해석한 차원을 벗어나지 못했던 것도 사실이다. 1997년대에도 미국과 캐나다에 있는 의과대학의 절반은 졸업할 때, 수정된 형식이기는 하지만 히포크라테스 선서를 낭독하고 있었다. 심지어 뉴욕 주립대학교 시라큐스 의과대학에서는 본래의 히포크라테스 선서를 낭독하고 있다고 한다. 아직도 히포크라테스 선서는 현대의 의료윤리 영역에 강력한 영향을 미치고 있는 것이 틀림없다.

그러나 히포크라테스 선서가 세계의 전 영역에서 모든 시기에 걸쳐 사용된 유일한, 영원히 존속해야 하는 의료윤리 선언은 아니다. 현대의 상당수 의료윤리 규약들은 히포크라테스 전통에 따르고 있지 않으며, 완전히 문화적 맥락을 달리하는, 심지어 의료적 이익에 있어서 서로 관점이 다른 규약들도 가능하다.[1]

우리는 히포크라테스 선서를 누가 저술하였는지는 정확히 알고 있지 못하다. 이것은 히포크라테스 전집으로 알려진 작품 모음 중 하나이다. 다만 히포크라테스가 히포크라테스 선서를 저술하지 않았다는 것은 거의 확실해 보인다.[2] 분명한 것은 히포크라테스가 기원적 5세기에 고대 그리스의 코스Cos섬에 있던 의술의 지도자 중 하나였다는 것이다. 그러나 히포크라테스가 이 선서를 직접 작성하지 않은 것은 분명해 보인다. 역사학자들은 일반적으로 그 선서가 히포크라테스가 사망한 지 약 100년 후에 기록되었다고 믿고 있다.[3]

대부분의 사람들이 히포크라테스 선서의 기원과 이 선서가 어떤 믿음 체계에 의존하는지 대수롭지 않게 생각해 왔다할지라도, 이에 대해 살펴보는 것이 히포크라테스 선서를 이해하고 실질적으로 적용하는 데 많은 도움이 될 듯하다. 고대 그리스 코스섬의 역사를 살펴보자. 이 섬에는 의료와 관련된 사원이 있었지만 지금은 폐허만 남아 있다. 그 지역의 자료에 따르면, 이 사원은 히포크라테스 학파의 의료 사원이었다. 그 지역 주민들에 의하면, 이 의료 사원은 그리스에 기독교화가 진행되는 동안 그 건물이 파괴되었다. 즉 역사의 어떤 한 시점에, 히포크라테스 학파의 사유와 기독교 학파의 사유가 싸움을 시작하여 사원이 파괴될 정도까지 전투를 하게 된 것이다.

히포크라테스 학파의 의료 사원 구성원들과 기독교가 치열한 싸움을 하였다면, 그리스 의료윤리와 기독교 의료윤리가 매우 달랐기 때문일 것이다. 이 두 집단의 견해가 서로 상충하는 것이라면, 많은 현대인들이 기독교적 전통을 유지하면서 히포크라테스 선서를 동시에 주장할 때, 이들이 미처 깨닫지 못한 문제점이 있는 것은 아닐까?[4]

한편 히포크라테스 선서가 피타고라스 학파에서 기인한다고 말하는 학자도 있다. 히포크라테스 선서가 생명을 빼앗는 모든 행위를 금지한 것, 그리고 수술을 금지하고 있는 것 등이 피타고라스 학파의 주장과 부합하기 때문이다.

## 히포크라테스 선서의 내용

히포크라테스 선서는 두 부분으로 구분해 볼 수 있다. 한 부분은 입문 선서 부분이고, 다른 부분은 행위 규약 부분이다.

### 입문 선서 부분의 내용

히포크라테스의 입문 선서 부분은 다음과 같다.

나는 의사인 아폴론 신, 아리스클레피우스, 히게이아, 파나세이아, 그리고 모든 남신과 여신을 증인으로 삼아 나의 능력과 판단에 따라 이 선서와 계약을 충실히 이행할 것을 맹세한다. 이 기술을 나에게 가르쳐 준 사람들을 나의 부모처럼 여기고 섬기며, 그와 더불어 삶을 살아 갈 것이고, 스승이 경제적으로 어려울 때에는 내 재산을 그와 나누고, 그의 가족을 나의 형제로 여길 것이며, 이들이 의술을 배우고자 한다면 수업료나 어떤 제약도 없이 그들에게

가르칠 것이고, 나의 아들과 스승의 아들 그리고 의사 규범을 선
서한 학생들에게만 가르쳐 줄 것이며, 그 외에 다른 누구에게도
가르침을 전하지 않을 것이다.

히포크라테스 선서에는 '스승에 대한 충성 서약', '지식 비공개'와 같
은 현대에는 이해하기 어려운 내용이 담겨 있다. 이 선서에 따르는 의
사는 스승이 경제적으로 어려움에 처해 있다면 도와주어야 한다. 또한
자신의 집단에 속하지 않은 사람들에게 의료 지식을 알려주어서는 안
된다. 이것은 아마도 의사들이 가지고 있는 지식이 사회적으로 매우 영
향력이 큰 것이기 때문일 것이다. 아마도 그 지식을 이해하지 못한 사
람이 그 힘을 갖는다면, 그것은 큰 해가 될 것이다. 그런데 이것은 피타
고라스 학파의 믿음이기도 하였다. 피타고라스 학파는 또한 종파 밖에
있는 사람에게 지식을 알려주어서는 안 된다는 규약을 엄격하게 지켰
다. 히포크라테스 선서가 피타고라스 학파에서 연유했다는 주장은 이
러한 점에서 설득력을 가지고 있다.

'지식 비공개'에 대한 태도는 현대에도 여전히 남아 있다. 특히 환자
의 의료 정보를 공유하는 것에 대해 불편해 하는 연세가 많은 의사들에
게서 흔히 있는 일이다.[5] 그러나 환자의 의료 상황에 대해 환자에게 정
보를 알려주고, 충분한 정보에 의거한 동의를 얻어야 한다는 것은 현대
에 일반적인 의사의 의무로 여겨지고 있다. 히포크라테스 선서의 '지식
비공개'는 바로 이런 일반적인 의사의 의무와 상충한다.

한편 히포크라테스 선서에는 그리스의 남신과 여신인, 아폴론, 아
에스클레피우스, 히게이아 그리고 파나세이아에 맹세하는 내용이 있

다. 현대 의사들은 이 구절을 받아들이지 않을 것이다. 이들은 실제로 그리스 신과 여신에게 맹세하지 않는다. 현대 의사들은 자신의 맹세를 자신이 믿는 종교적 권위나 세속적 권위로 대체하고 싶어 할 것이다.

유대주의나 그리스도교와 마찬가지로, 다양한 다른 종교적 관점에 의한 의료윤리 그리고 정치·철학적 관점의 의료윤리는 계약적 관점에 서 있으며, 지식 비공개에 대한 어떤 맹세도 없다. 오늘날 유행하는 정치철학, 즉 로크, 홉스, 루소의 철학에 기원을 두고 있는 자유주의 정치철학은 개인의 중요성을 강조하며 개인의 자유를 존중한다. 모든 사람의 도덕적 가치가 동등하다는 믿음을 가지고 사회 정의에 대한 다양한 관심에 기초를 제공한다. 또한 모든 사람은 신뢰할 수 있는 지식을 사용하기를 바란다. 그래서 사람들은 알 권리를 가지고 있다고 믿는다. '충분한 설명에 의거한 동의 원칙'은 이러한 권리에서 생겨났다.

그러나 히포크라테스 저작에서는 환자의 권리에 대한 어떤 논의도 등장하지 않는다. 유대주의와 그리스도주의 태도와 세속적 자유주의의 태도는, 다른 전통과 마찬가지로 피타고라스와 히포크라테스 전통과는 다른 의료윤리 이론을 가지고 있다는 것을 알 수 있게 해준다.

## 행위 규약 부분

행위 규약 부분은 다음과 같은 내용을 담고 있다.

나는 내 능력과 판단에 따라 환자를 돕기 위해 처방을 사용할 뿐, 상해와 피해를 줄 의도로는 사용하지 않을 것이다. 또 나는 그렇게 하도록 요청받을 때라도 누구에게든 독약을 투약하지 않을 것이고, 그와 같은 수단을 제안하지도 않을 것이다. 마찬가지로 나는 어떤 여인에게도 낙태를 일으킬 치명적인 약은 주지 않을 것이며, …… 나는 결석으로 고통 받는 환자에게조차도 칼을 사용하지 않겠다. 그러나 이러한 일에 종사하는 사람에게 양보할 것이다. …… 치료하는 도중에 혹은 치료와는 관계없이 환자의 생활에 대해 내가 보고 들을지도 모르는 일 중에 남에게 알려서는 안 되는 일들을 남에게 전하는 일은 하지 않을 것이며, 그렇게 할 생각조차 하지 않을 것이다. 나는 이 선서를 잘 지키고 그것을 위반하지 않을 것이다.

히포크라테스 선서에서 행위 규약 부분은 윤리 규약의 핵심 부분이다.[6] 히포크라테스 선서가 요구하는 특별한 금기 중 하나는 "의사는 수술해서는 안 된다"는 것이다. 즉 "결석으로 고통받을 때조차도" 칼을 사용해서는 안 된다. 그렇다면 히포크라테스 선서가 어떤 이유에서 의사에게 수술을 금지한 것일까? 하나의 가능한 설명은 수술이 종교적으로 규정된 (예를 들면 피와 배설물을 만지는 것과 같은) 더러움과 관련되어 있으며, 이런 더러움을 피하는 것이 종교적 사명이었다는 것이다. 그래서 히포크라테스 집단의 의사들은 이런 더러움을 피하기 위해 수술해서는 안 된다는 생각을 가지게 되었다는 것이다.

결국 히포크라테스 집단의 의사는 오늘날 의학의 특정한 부류를 담당하고 있는 사람들, 즉 오늘날 외과의사에 해당하는 사람들에게 수술을 떠넘겨야만 했다.[7] 간단히 말해서, 성직자로서 역할을 하는 사람이 '순수함'을 유지해야 하는 것과 마찬가지로, 수술로 더러움에 오염되는 것은 자신들의 숭고한 의업을 더럽히는 것으로 이해한 것이다. 따라서 당시의 의사의 역할이 현대 의사의 역할과 매우 다를 뿐만 아니라, 당시의 의사의 정신과 현대의 의사의 정신도 매우 다르다.

이 선서는 또한 다른 금지도 포함하고 있다. 히포크라테스 선서는 낙태약 처방을 금지한다.[8] 그러나 여성 신체의 자기결정권에 근거하여 낙태를 허용하는 것이 현대 국가의 추세이다. 낙태를 금지하는 것은 여성의 신체에 대한 자기결정권을 인정하지 않겠다는 것을 의미한다. 히포크라테스 선서는 자유주의 국가에서 폭넓게 인정되는 여성의 권리를 부정하는 것이다. 따라서 히포크라테스 선서가 오늘날 우리 사회를 지배하고 있는 자유주의 이념과 조화를 이루는 것은 결코 쉽지 않은 것처럼 보인다.


## 히포크라테스 전통을 따르는 현대의 의료윤리 규약

고대 그리스에서 히포크라테스 선서가 시작한 이후, 오랜 세월 동안 유일한 의료윤리 규범으로 독보적인 자리를 차지하였다. 산업화 이후 사회의 변화에 따라 변화한 의료 환경에 걸맞은 새로운 의료윤리 규범이 필요하게 되었다. 19세기 초, 토마스 퍼서벌Thomas Percival의 의료윤리 규약을 필두로, 중반엔 미국의사협회American Medical Association 강령이 제정되고, 20세기 중반 제2차 세계대전이 끝나고 이를 수습하기 위한 제네바 선언과 20세기 후반엔 러시아 의사선언 등이 제정되었다. 그러나 이 선언과 강령 등은 모두 여전히 히포크라테스 선서의 전통을 유지하고 있었다.

## 퍼서벌의 의료윤리 규약

현대의 의료윤리 규약에 가장 많은 영향을 미친 것은 퍼서벌이 만든 윤리 규약이다. 퍼서벌의 의료윤리 규약은 1803년에 등장하였다. 이때까지 큰 권위를 누릴 만한 현대적인 의료윤리 규약은 없었다. 퍼서벌의 의료윤리 규약이 히포크라테스 선서 이후로 큰 권위를 누린 규약이다. 그러나 퍼서벌 의료윤리 규약이 제정된 목적은 환자와 의사의 윤리적 관계를 다루려는 것이 아니었다. 이것은 싸우는 의사들을 중재하기 위하여 의사들이 지켜야 할 것을 규정한 것이었다.

1790년대에 영국의 맨체스터에서 장티푸스와 발진티푸스 전염병이 창궐하면서 의료윤리 규약이 기술될 필요성이 절실해졌다. 이 전염병이 창궐하면서 맨체스터의 의료인들은 과도한 업무로 괴로워하였다. 18세기 영국의 의료는 히포크라테스 전통에 의해 세 부분으로 구분되어 있었다. 즉 식이요법을 전문으로 하는 의사, 수술을 전문으로 하는 의사, 그리고 약에 관한 일에 종사하는 약제사가 있었다. 발진티푸스 전염병은 각 영역의 전통적 의사들이 자신의 직업에 종사하며 다루어 오던 것과는 전혀 다른 양상을 보였다. 즉 이 전염병은 각 의사들이 다룰 수 있는 수준을 넘어서는 능력과 노력을 요구했다. 이때 의사들은 각 영역의 의사들이 무엇을 해야 하는지에 대해 서로 싸우기 시작하였다.

이 전염병이 창궐할 무렵에 신체적 장애 때문에 의사라는 직업을 선택한 퍼서벌이 의료업에 종사하고 있었다. 그는 훌륭한 교육을 받았고, 그에 대한 세간의 평판도 매우 좋았다. 서로 싸우고 있던 의사들은 그에게 중재를 요청하였다. 그 결과 싸우는 의사들을 중재하기 위한 윤리 지침서가 나오게 되었다. 그러나 이 규약은 히포크라테스 전통을 넘어서지 못하였다. 여전히 환자에게 이익을 주어야 할 의사의 의무만을 강조하고 있다는 점에서, 그리고 충분한 설명에 의거한 동의나 정보의 공개와 같은 문제에서 환자의 권리에 대해서는 전혀 강조하고 있지 않다는 점에서 히포크라테스 전통을 충실히 따르고 있었다.[9]

## 미국의 의사협회 윤리 강령

19세기 초 미국에 여러 의학 학파들이 있었다. 각 학파의 구성원들은 자신이 속한 학파가 의료계에 더 유력하고 주도하는 세력이 되기를 바랐다. 그래서 각 학파들은 서로 싸우기 시작하였다. 1847년, 지금은 대증요법(또는 정통적이고 과학적인) 의료라고 불리는 일에 종사하던 한 집단이 엉터리 진료에 대항하고 투쟁하기 위하여 미국의사협회를 설립하였다.

이들은 자신의 직업이 단순한 장사가 아닌 전문직이 되기 위해서는 윤리 규약을 가져야 한다고 생각하였다. 윤리 규약을 통해 직업의 질적인 수준이 유지되고 향상될 수 있다고 믿었기 때문이다. 그 직업에 고유한 윤리 규약을 갖는 것이 전문직의 고유한 특징이라고 말하는 근거 중 하나가 여기에서 비롯되었다. 1847년 미국의사협회는 윤리 규약을 마련하면서, 퍼서벌의 규약을 고찰하고 그 전체 내용을 받아들였다. 히포크라테스의 전통을 따르는 퍼서벌의 윤리 규약이 미국의사협회의 윤리 규약 내용에 통합되어 유지된 것이다. 따라서 영국과 미국의 의료윤리 규약은 내용에 있어서 본질적으로 히포크라테스 전통에 근거를 두고 있다. 이렇게 마련된 의료윤리 교육이 1847년의 '미국의사협회 윤리 강령'이다.

퍼서벌의 윤리 규약이 히포크라테스 선서에 기초해 있으며, 미국의 사협회 윤리 강령이 이 퍼서벌의 규약을 따른다는 점에서, 미국의사협회 강령도 환자의 이익에 중심을 둔 윤리 규약이라고 볼 수 있다. 그러나 미국의사협회 윤리 강령이 히포크라테스 선서와 다른 점은 사회에 대한 의사의 의무에 관한 내용을 담고 있다는 것이다. 환자에 대한 의사의 의무가 아닌, 사회에 대한 의사의 의무는 지금까지 전혀 다루지 않았던 규약이었다. 즉 이것은 히포크라테스 선서에서는 전혀 논의되지 않았으며, 히포크라테스 선서의 전통을 따르던 규약들도 전혀 논의한 적이 없는 내용이었다.

## 제네바 선언

제2차 세계대전이 막 끝난 후, 국가별 의료 단체 모임인 세계의사협회는 나치의 집단 수용소에서 자행된 의학 실험을 배상하기 위한 규약이 필요하게 되었고, 1948년에 '제네바 선언'을 마련하였다. 그 내용은 히포크라테스 선서와 매우 유사하다. 히포크라테스 선서에 있는 히기이아와 파나세이아에 대한 언급, 남성 신과 여성 신에 대한 언급, 수술과 낙태약에 대한 언급만이 삭제되었을 뿐이다. "환자의 건강을 최우선으로 고려해야 한다"는 내용은 여전히 담고 있었다. 히포크라테스 선서를 약간 수정하였을 뿐 그 핵심 문장은 여전히 포함되어 있었다.

제네바 선언이 현재에도 여전히 유효하고, 여러 나라의 규약에도 영향을 미쳤으며, 세계의사협회의 규약에도 영향을 미치고 있다는 점에서 현대적 언어로 기록된 히포크라테스 선서가 여전히 힘을 발휘하고 있는 셈이다. 당시에 세계의사협회는 환자가 최선의 치료를 원하지 않을 때, 히포크라테스 선서가 어떤 대처도 하지 못한다는 문제점을 전혀 인식하지 못했다. 환자가 치료와는 다른 어떤 그 밖의 고려 사항을 가지고 있을 때, 그리고 자신의 건강을 개선할 것으로 생각되는 것에 대해 의사와 의견이 일치하지 않을 때, 히포크라테스 선서는 대처할 능력이 없다. 말하자면 히포크라테스 선서뿐만 아니라 제네바 선언도 환자의 자율성에 전혀 주목하고 있지 않았다.

## 러시아 의사선언

20세기 말에 러시아의 의사들은 러시아 의사를 위한 새로운 선서를 마련하였다. 이 선서는 '러시아 의사의 엄숙한 선서'라는 이름이 붙었다. 당시에 공산주의 물결이 쇠퇴하면서 소련이 몰락하고 러시아가 새롭게 탄생하였다. 새롭게 출발한 러시아는 마르크스주의 분위기를 달가워하지 않았다. 그래서 마르크스주의의 분위기를 의미심장하게 포함하는 구 소련의 '의사선서'가 부담스러울 수밖에 없었다. 러시아의사협회도 마르크스주의 분위기로 가득한 구 소련의 의사선서가 더 이상 필요하지 않다는 주장을 받아들였다. 결국 구 소련 의사선서를 폐기하고 새로운 의사윤리선언을 제정하였다. 구 소련 의사선서를 대체하기 위하여 러시아 의사들은 오래된 의사 윤리선언인 히포크라테스 선서를 받아들여 새로운 의사선서의 토대로 삼았다. 그리고 이를 러시아식으로 해석하였다. 이렇게 탄생한 러시아 의사선언도 세계의사협회가 취한 방식을 그대로 답습한 것이나 마찬가지였다. 히포크라테스 선서를 기초로 삼았기 때문이다.

히포크라테스 선서의 전통을 따르는 의사 단체의 선서나 선언들이 이것만 있는 것은 아니다. 세계의 여러 대학들 중에는 히포크라테스 선서의 정신에 근거한 나름의 의사선서를 제정하여 졸업식에서 활용하고 있다. 이것의 한 예가 그레나다의 성 조지 대학교St. George's University 의대의 선서이다. 이것 역시 히포크라테스 선서를 개정하여 사용하고 있다. 성 조지 대학교 의대의 선서는 의사가 환자의 이익을 위해 노력할 것을 강조한다. 환자의 건강이 아니라 환자의 이익을 위해 노력할 것을 요구하고 있다. 핵심적 문구는 이렇다. "나의 능력과 판단에 따라, 내가 처방한 식이 요법이 환자에게 좋은 것이 될 것이다."

## 히포크라테스 전통의 몰락

앞에서 살펴보았듯이, 20세기 후반까지만 해도 의사들은 히포크라테스 선서를 자신들의 윤리 규약의 근거로 삼고 있었다. 그래서 이 당시의 의사들은 환자의 권리에 관해서는 전혀 주목하지 않았다. 예를 들면, 치료하기 전에 충분한 정보를 제공하거나 치료에 대한 '동의' 그리고 '진실 말하기'와 같은 환자의 권리에 대한 인식은 전혀 없었다. 단지 환자에게 이익을 줄 의무만을 강조하고, 이것에 충실한 것이 훌륭한 의사가 해야 할 의무라고 여기고 있었다. 당시의 의사들은 또한 환자가 아닌 사회나 개인의 복지에 관해서는 전혀 관심을 기울이지 않았다. 오로지 환자를 보살피는 것만이 자신들의 의무라고 생각하였기 때문이다. 이런 태도는 본래의 히포크라테스 규약이 사회와 다른 개별자의 복지에 전혀 관심을 기울이지 않은 것에 기인한다. 대부분의 의사 윤리 선언이나 강령들이 히포크라테스 전통에 따르고 약간 형식을 달리할 뿐이었기 때문이다. 단지 퍼서벌과 미국의사협회 강령만이 부차적으로만 사회적 이익에 대한 관심을 가지고 있을 뿐이었다.

그러나 1970년대 초반 의료윤리 영역에서 히포크라테스 전통은 무너지기 시작하였다. 이 몰락은 천문학에서 갈릴레오 갈릴레이Galileo Galilei나 원자 물리학에서 알버트 아인슈타인Albert Einstein이 일으킨 변화에 비견될 수 있다. 좀 더 강력한 표현으로는 코페르니쿠스적 전환에 견줄 만한 사건이다. 의료윤리에서 독보적인 위치에서 그토록 강력한 권세를 누리던 히포크라테스 선서에 대한 몰락이기 때문이다. 더욱 흥미로운 것은 새로운 의료윤리가 고대 유대주의와 그리스도주의에 뿌리를 둔, 특히 세속적인 자유주의 정치 철학에 분명하게 뿌리를 두고 있는 서구 문화에서 나타났다는 점이다.

## 히포크라테스 전통에 대한 도전 방식

히포크라테스 선서에 대한 도전은 세 가지 방식으로 이루어졌다. 첫 번째 도전은 환자의 이익이 평가되는 방식에 관한 것이다. 히포크라테스 선서에 따르면 의사는 그의 능력과 판단에 따라 환자에게 최선의 이익이 무엇인지 판단해야 한다. 그러나 의사가 환자에게 최선의 이익이 무엇인지를 판단할 수 있는 강력한 권위를 가졌는지는 의문이다. 즉 의사들은 의학과 관련한 분야에서는 유능하다고 평가받을 수 있지만, 환자에게 최선의 이익이 무엇인지에 대한 평가에서 유능한 것은 아닐 수 있다는 것이다. 한 명의 의사가 환자의 최선의 이익이 무엇인지 판단했을지라도, 다른 의사들은 그의 판단에 동의하지 않을 수 있다.

심지어 여러 의사들이 환자의 최선의 이익이 무엇인지에 동의했을 때조차도 환자가 이에 동의하지 않을 수 있다. 그리고 최선의 이익이 된다고 의사들이 제안한 치료 과정과는 다른 치료를 환자가 선호할 수 있다. 그렇다면 히포크라테스 선서에서 말하는 환자의 최선의 이익에 대한 평가는 주관적인 것이 분명하다. 더구나 히포크라테스 선서에서 말하는 환자에게 최선의 이익은 오로지 의사의 입장에서 판단된 것이다. 그러나 한 명의 의사가 판단한 환자에 최선의 이익에 대해 다른 의사들은 서로 동의하지 않을 수 있으며, 여러 의사들의 생각마저도 환자와 생각이 다를 수 있다.

두 번째 도전은 환자의 최선의 이익이 다른 종류의 도덕적 의무와 상충하는 경우와 관련되어 있다. 특히 이 도전은 환자의 권리나 의무와 관련되어 있다. 대부분의 윤리 이론은 단순히 선한 결과를 가져오는 것만으로는 윤리적 요구가 충족되는 것은 아니라고 말한다. 즉 윤리적으로 옳은 행위는 결과가 될 이익의 총량과는 무관하다는 것이다. 행위의 옳고 그름은 그 행위의 유용성과는 무관하게 결정된다. 예를 들면 정의로운 행위가 설령 최고의 유용성을 결과하지 않을지라도, 그것이 정의로운 행위인 한에서 그 행위는 옳다. 또한 약속을 지켜야 할 의무를 지키는 것은 항상 옳다. 약속을 지키는 것이 유용한 결과를 가져오지 않을지라도, 그 유용성과는 무관하게 약속을 지키는 것은 항상 옳다.

히포크라테스 선서는 환자에 최선의 이익을 주는 것에만 초점을 맞추고 환자의 권리에 대해서는 아무런 해명을 하지 않는다. 따라서 히포크라테스 선서에 있어서는 환자에게 이익을 주는 것과 환자의 권리를 존중하는 것 간의 상충을 해명할 수 없게 된다. 최근 환자의 권리에 대한 인식이 커지면서, 즉 '진실을 알 권리', '자율성 존중의 권리', '약속이 지켜질 권리' 등이 강조되면서 히포크라테스 선서는 위협받고 있다. 심지어 '죽을 권리'까지도 제기되고 있다. 그래서 환자의 권리에 관해서 아무런 언급이 없는 히포크라테스 선서는 그동안 누려오던 의료윤리 규약으로 권위를 상실하게 되었다.

히포크라테스 전통에 대한 세 번째 도전은 환자의 이익과 사회나 다른 개인의 이익이 상충하는 경우와 관련되어 있다. 환자에게 최선의 이익을 제공하려는 의사의 활동이 사회나 다른 개인의 이익을 해치는 경우가 있을 수 있다. 이 경우에 히포크라테스 선서는 아무런 해결책도 제공하지 못한다. 단지 환자에게 최선의 이익을 제공하라고 말할 뿐이다. 그러나 환자의 개인적 이익과 사회적 이익 또는 다른 개인의 이익이 상충하는 경우, 항상 환자의 이익이 우선해야 하는 것은 아닐 수 있다. 오늘날 지배적인 정의 이론은 환자의 최선의 이익을 최우선해야 한다고 말하지 않기 때문이다.

## 히포크라테스 전통을 따르지 않는 규약의 태동

히포크라테스 선서와 관계를 끊은 의료윤리 규약들이 나타났다. 이러한 움직임은 1946년 뉘른베르크 규약에서 시작되었다. 제2차 세계대전 후에 나치의 집단 수용소 수감자들에게 행한 고통스럽고도 치명적인 실험에 대해 나치 의사들을 법정에서 심판하기 위해 뉘른베르크 재판이 열렸다. 나치 통치 시절 일부의 독일 의사들은 국가의 이름으로 포로나 유대인 억류자들에게 아무런 동의도 묻지 않고 해로울 수 있는, 심지어 죽을 수도 있는 실험 연구를 진행하였다. 나치의 연구는 국가에 의해 계획된 최초의 것으로 집단 수용소 수감자의 이익을 위한 것이 아니었다.

　나치가 계획한 연구는 지식을 얻고자 하는 것이지 실험 대상에게 이익을 주려는 목적에서 이루어진 것이 아니었다. 그러나 히포크라테스 선서는 단지 개별적 환자의 이익을 위한 행동만 요구한다. 히포크라테스 윤리는 지식을 얻기 위한 연구 활동을 언급하고 있지 않다. 그래서 히포크라테스 선서에서는 지식을 위한 의학 연구가 의료 활동으로 인정될 수 없다. 히포크라테스 선서에 의거한 의료윤리는 의료의 목적을 매우 소극적이고 좁게 만들어 버린다.

　나치 의사는 개별적 환자의 복지에 대한 의사의 전통적 윤리적 의무, 히포크라테스 선서가 가장 강력하게 강조하였던 전통적인 의무를 포기하였다. 뉘른베르크 재판은 나치 의사들이 환자의 이익을 위해 노력하지 않았다는 것을 확연하게 드러내었다. 이 문제를 해결할 수 있는 방법은, 첫째, 히포크라테스 선서의 윤리로 되돌아가거나, 둘째, 히포크라테스 선서의 윤리를 포기하는 것이다. 첫째 방법으로, 히포크라테스 선서의 윤리를 고집하면서 의사는 단지 개별적 환자의 복지에만 집중해야 한다고 주장할 수 있다. 그러나 이런 고집은 어떤 의사든, 심지어 사회적 선을 위한 경우조차도 의학 연구를 해서는 안 된다는 것을 함축하게 된다.

　물론 히포크라테스 선서의 윤리는 의학 연구를 금지할 것이다. 그래서 히포크라테스 선서는 나치의 실험이 그르다는 것을 함축한다. 히포크라테스 선서에 따르면 나치 의사의 행위를 부도덕한 것이라고 말할 수 있게 된다. 그래서 히포크라테스 선서는 나치 의사를 처벌할 수 있는 근거를 제공한다. 이것이 우리가 바라던 바이기는 하다. 그러나 이것은 또한 가장 자비롭고도 옹호될 만한 연구조차도 배제해버린다. 우리가 이것마저 바라는 것은 아닐 것이다. 그렇다면, 둘째 방법으로 히포크라테스 선서의 윤리를 포기하고서 의학 연구를 포함하는 새로운 의료윤리 규약을 만들어야 한다. 이것이 우리가 찾아야 할 새로운 의료 윤리 규약의 핵심이어야 한다.

## 히포크라테스 전통의 문제점

의료 전문직이 히포크라테스 선서의 전통을 따르는 것은 어떤 문제가 있는가? 사실 히포크라테스 선서를 고수하는 것에 바람직한 측면이 분명 있을 것이다. 그렇지 않다면 의학이 거의 2,500년 동안 히포크라테스 선서를 유지하면서 따랐을 까닭이 없기 때문이다. 사실 의학은 히포크라테스 선서에 기초하여 자체적으로 형성해 온 윤리적 틀을 가지고 있으며, 히포크라테스 선서는 변화와 발전을 거듭하면서 세계의학협회선언에 영감을 주었다. 그러나 히포크라테스 선서의 가치와 이념이 과연 현대의 가치 이념과 잘 부합할 것인지는 의문이다. 사실 히포크라테스 선서의 가치와 이념이 현대의 가치나 이념에 부합하지 못한다는 것은 너무도 분명해서 논의할 필요도 없을 정도이다. 그렇지만 고대의 히포크라테스 선서와 히포크라테스 선서의 전통을 따르고 있는 몇몇 선언들에 대한 설명을 살펴보는 것은 의미가 있을 것이다.

히포크라테스 선서는 히포크라테스 전집으로 알려진 작품 모음 중 하나이다. 그렇다고 히포크라테스가 히포크라테스 선서를 저술했다고 믿을 만한 증거는 없다. 다만 히포크라테스가 기원적 5세기에 고대 그리스의 코스섬에 있던 의술 단체의 지도자 중 하나였다는 것은 분명하다. 사실 오늘날 학자들은 히포크라테스 선서는 히포크라테스가 사망한 약 100년 후에 기록되었다는 주장을 더 설득력 있다고 믿는다.[10]

히포크라테스 선서는 의료에 있어서 도덕적 금언으로 오랫동안 사용되었다. 고대에는 말할 것도 없고 현대에서조차 생명 의료윤리 영역의 논의는 히포크라테스 선서를 재해석한 차원을 벗어나지 못하고 있다. 아직도 히포크라테스 선서는 현대의 의료윤리 영역에 강력한 영향을 미치고 있는 것이 틀림없다. 그러나 히포크라테스 선서가 세계의 전 영역에서, 모든 역사 시기에 걸쳐 유일한, 또한 영원히 존속해야 하는 의료윤리 선언일 필요는 없다. 더구나 히포크라테스 선서의 이념에 의거해서 생명의료윤리가 구성되어야 할 필요도 없다. 현대의 상당수 의료윤리 규약들은 히포크라테스 전통에 따르고 있지 않으며, 완전히 문화적 맥락을 달리하는 규약들도 가능하다. 히포크라테스 전통에 따르지 않는 견해는 '유대-그리스도주의', '힌두교', '불교', '이슬람교', '동북아시아의 문화'를 근원으로 삼을 수 있을 것이다.

대부분의 사람들은 히포크라테스 선서의 기원과 이 선서가 어떤 믿음 체계에 의존하는지 대수롭지 않게 생각해 왔다. 히포크라테스 학파가 활동했던 고대 그리스 코스섬에는 지금은 폐허가 되었지만 의료와 관련된 사원, 즉 히포크라테스 학파의 의료 사원이 있었다. 이 의료 사원은 그리스에 기독교화가 진행되는 동안에, 히포크라테스 학파의 사유와 기독교 학파의 사유가 싸움을 시작하여 전투를 하는 과정에서 파괴되었다. 히포크라테스 학파의 구성원들과 기독교가 치열한 싸움을 하였다는 것은 그리스 의료윤리와 기독교 의료윤리가 매우 달랐다는 것을 증명해 준다. 따라서 이 두 집단의 견해가 서로 상충한다면, 기독교적 전통을 고수하면서 히포크라테스 선서를 주장하는 것은 문제가 있을 수 있다. 그럼에도 이런 문제점을 깨닫지 못하고 많은 생명의료윤리 학자가 기독교적 전통을 고수하면서 동시에 히포크라테스 선서를 옹호하고 있다.[11]

앞에서 이야기했듯 히포크라테스 선서는 두 부분으로 구분해 볼 수 있다. 한 부분은 입문 선서 부분이고, 다른 부분은 행위 규약 부분이다.

첫째, 입문 선서의 내용은 '스승에 대한 충성 서약'[12]과 '지식 비공개'[13] 등으로 이루어져 있다. 그러나 이 부분을 구성하는 주장들은 오늘날 더 이상 받아들이기 어려운 내용을 담고 있다. '지식 비공개'는 현대의 의사의 의무와 상충할 수 있다. 환자의 의료 상황에 대해 환자에게 정보를 알려주고, '충분한 정보에 의거한 동의'를 얻어야 한다는 것은 현대에 의사의 일반적인 의무의 중요한 부분이다.

이제 의료윤리에서 환자의 알 권리는 당연하게 인정된다. 충분한 설명에 의거한 동의라는 원칙도 환자의 알 권리에서 생겨난 것이다. 그러나 히포크라테스 선서에는 환자의 권리에 대한 어떤 논의도 등장하지 않는다. 존 로크John Locke, 토머스 홉스Thomas Hobbes, 장자크 루소Jean-Jacques Rousseau의 철학에 기원을 두고 있는 자유주의 정치 철학은 개인의 권리가 중요함을 강조하며 개인의 자유를 존중한다. 모든 사람의 도덕적 가치가 동등하다는 믿음을 가지고 사회 정의에 대한 다양한 관심에 기초를 제공한다.

둘째, 행위 규약 부분이 포함하고 있는 하나의 특별한 금기는 의사는 수술해서는 안 된다는 것이다. 즉 "결석으로 고통 받을 때조차도" 칼을 사용해서는 안 된다.[14] 히포크라테스 선서가 의사에게 수술을 금지하는 이유는 무엇인가? 히포크라테스 선서가 수술을 금지하는 이유가 무엇이든, 이러한 금지는 오늘날 전혀 받아들여지지 않을 것이다.

또한 히포크라테스 선서는 낙태약 처방을 금지하고 있다. 이런 금지는 자연스럽게 안락사도 역시 금지하게 될 것이다. 그러나 현대의 서구 선진국 대부분은 독자적 생존 가능성이 없는 태아의 낙태를 합법화하고 있다. 또한 안락사에 대한 요구도 점점 거세지고 있으며, 여러 나라에서는 이미 합법화되었다. 또한 낙태약 처방에 대한 금지는 오늘날 일반적으로 인정되고 있는 여성의 신체에 대한 자기결정권과 상충한다. 자기 신체에 대한 자기결정권은 현대의 자유주의 국가에서 폭넓게 인정되고 있는 권리이다. 히포크라테스 선서를 이런 현대의 가치관과 조화시킬 수 있는 방법은 거의 없어 보인다.

히포크라테스 선서에서 가장 관심을 가져야 할 또 하나의 부분은 의사의 능력과 판단에 따라 환자에게 이익을 주어야 한다는 것이다. 환자에게 이익을 준다는 것이 무엇인가에 대한 결정은 환자가 아닌 의사의 능력과 판단에 근거하여 이루어진다. 따라서 히포크라테스적 윤리는 온정적 간섭주의Paternalism가 된다. 즉 이것은 그 사람이 이익을 원하지 않을 때조차도 그 사람에게 이익을 주려는 의도를 가진 행위를 도덕적인 것으로 여기게 한다. 그러나 다른 여러 윤리 이론들은 온정적 간섭주의를 옹호하지 않는다. 특히 자유주의 정치 철학은 히포크라테스 선서가 함축하고 있는 온정적 간섭주의에 반대할 것이다.

우리가 환자의 전체 복지에 관심을 가지고 있다면 의사는 치료를 결정할 때 의학적 이익에 전적으로 초점을 맞출 것이지만, 환자는 의학적 이익보다 더 중요하고 바랄 만한 것이라고 생각되는 비의료적 이익을 얻고자 원할 수 있다. 의학적 이익을 희생하고 자신의 기호나 선호를 선택할 수 있다. 예를 들면 흡연, 건강에 좋지 않은 음식 섭취, 운동을 하지 않는 것은 환자의 권리에 속한다. 그러나 온정적 간섭주의는 이런 경우에도 의학적 이익을 강제해야 한다고 요청할 것이다.

이런 히포크라테스 선서와 이 선서의 전통에 기초한 의료윤리 선언들[15]은 크게 도전받고 몰락하게 된다. 앞에서 살펴보았듯이, 20세기 중반까지만 해도 의사들은 히포크라테스 선서를 자신들의 윤리 규약으로 사용하고 있었다. 결정적인 특징은, 치료하기 전에 '동의'를 하거나 '진실'에 대한 권리와 같은, 환자의 권리에 대한 인식은 전혀 없었다. 단지 환자에게 이익을 줄 의무만을 강조하고 있었다. 본래의 히포크라테스 규약은 사회와 다른 개별자의 복지에 전혀 관심을 기울이지 않는다. 히포크라테스 전통에 따르고 있지만 약간 형식을 달리하고 있는 퍼서벌의 의료윤리와 미국의사협회 강령이 단지 부차적으로만 사회적 이익에 대한 관심을 가지고 있을 뿐이었다.

그러나 1970년대 초반에 의료윤리 영역에서 히포크라테스 전통은 무너지기 시작하였다. 히포크라테스 선서에 대한 도전은 세 가지 방식으로 이루어졌다. 우선 첫 번째 도전은 이익이 평가되는 방식에 관한 것이다. 이것은 그 선서가 의사는 그의 능력과 판단에 따라 환자에게 최선인 것을 판단해야 한다고 말할 때 전제하고 있는 것과 관련된다. 여러 사례에서, 의사들은 한 명의 의사가 판단한 환자의 이익에 동의하지 않을 수 있다. 의사들이 환자의 이익이 무엇인지에 동의했을 때에도 환자는 다른 치료 과정을 선호할 수 있다. 이런 의미에서 이익에 대한 선서의 평가는 주관적이다. 즉 히포크라테스 선서에서 환자에게 주어야 할 이익은 오로지 의사의 입장에서 판단되고 있다. 그러나 많은 의사와 많은 환자는 이러한 한 명의 의사에 의한 판단에 동의하지 않을 수 있다.

두 번째 도전은 이익이 다른 종류의 도덕적 의무와 상충할 때 생겨난다. 히포크라테스 선서는 환자의 이익을 강조한다. 그러나 단순히 선한 결과를 가져오는 것만으로 윤리적 요구가 충족되는 것은 아니다. 도덕적 의무 간의 상충은 환자에 대한 권리나 의무와 관련되어 있다. 윤리적으로 옳은 행위는 결과가 될 이익의 총량과는 무관하게, 즉 유용성과는 무관하게 결정된다고 주장할 수 있다.

히포크라테스 선서는 환자에 이익을 주는 것에만 초점을 맞추고 환자의 권리에 대해서는 아무런 해명을 하지 않는다. 따라서 히포크라테스 선서에 있어서는 환자에게 이익을 주는 것과 환자의 권리를 존중하는 것 간의 상충을 해명할 수 없게 된다. 최근 환자의 권리에 대한 문제, 즉 '진실을 알 권리', '자율성 존중의 권리', '약속이 지켜질 권리' 등이 제시되면서 히포크라테스 선서를 위협하고 있다. 심지어 '죽을 권리'까지도 제기되고 있는 실정이다.

히포크라테스 전통에 대한 세 번째 도전은 환자의 이익과 개별자나 사회의 이익 간의 상충이 있을 때 생긴다. 즉 환자의 개인적 이익과 사회적 이익 또는 다른 개별자의 이익의 상충이 있을 경우, 반드시 그 환자의 이익이 우선하는 것은 아닐 수 있다.

## 새로운 윤리 규약을 향하여

히포크라테스 선서에서는 현대 의학 연구의 근거를 발견할 수 없다. 히포크라테스 선서가 지배적인 의료윤리가 된다면, 우리는 의학 연구를 포기해야만 한다. 그러나 인류의 이익을 위해 의학 연구는 필수적이다. 인류에 이익이 되는 의학 연구를 전면 포기하는 것은 합리적이지 않다. 인류에 이익이 된다고 무제약적인 연구가 허용되어서도 안 된다. 이것은 나치 의사들의 행동과 다를 바 없다. 의학 연구에 일정한 제한 조건이 설정되어야 하는 것은 당연한 일이다. 가장 대표적인 제한 조건이면서 흔히 강조되어 논의되는 것은 충분한 설명을 통해 제공된 정보에 의거한 동의 조건이다.

충분한 정보에 의한 동의의 요구는 환자의 이익을 위한 것이다. 그러나 히포크라테스 선서 이후 2,500년 동안 충분한 정보에 의한 동의와 같은 환자의 권리를 위한 규약은 제시된 적이 없었다. '뉘른베르크 규약'이 충분한 정보에 의거한 동의를 언급한 최초의 의료윤리 규약이다. 이 규약에는 환자나 피실험자는 의사가 치료나 연구를 행하기 전에 제안된 요구사항들 그리고 승인되거나 승인되지 않은 것과 관련된 사실에 대한 충분한 정보를 가질 권리를 가졌다는 내용이 포함되어 있다.

뉘른베르크 규약과 히포크라테스 선서는 또 다른 중요한 차이점이 있다. 뉘른베르크 규약은 히포크라테스 선서와는 달리, 의료 전문직에 의해 제공된 것이 아니라 국제 사법 재판 과정에서 마련된 국제법의 공적인 문건이다. 또한 뉘른베르크 규약은 자유주의 정치 철학에 기초하고 있지만, 히포크라테스 전통은 자유주의 이념과는 입장이 전혀 다르다. 히포크라테스 전통은 오래된 것이며 온정적 간섭주의를 표방한다. 그리고 우리가 깨닫기 시작했듯이, 이 전통은 뉘른베르크 규약이 근거하고 있는 자유주의와 양립하지 않는다. 특히 의학 연구 영역에서는 더욱 양립하지 않는다.

## 1장 의사의 파업 그리고 권리와 의무

1   대표적인 저술은 다음과 같다. 정유석, 『의사 파업의 윤리적 성찰』, 단국대
    학교 출판부, 2002. 이 책은 2000년 의사 파업의 정당성 여부를 해명한 책이
    라는 대중적인 평가를 받았다(중앙일보, 2002년 9월 23일).

2   '피장파장의 오류'는 '너도 잘못한 것이 있으니, 내가 이와 비슷한 잘못을
    했다고 지적하는 것은 온당하지 않다.'는 형식의 오류이다. 지적하는 사람
    이 잘못을 범했다고 나의 잘못이 정당한 것은 아니기 때문이다. 이런 오류
    의 예는 '공부를 열심히 하라는 형의 충고에, "너는 열심히 하냐!"'고 반격
    하는 동생이 범한 오류이다.

3   이 말은 윤리학의 대명제인 "'ought to'는 'can'을 함축한다"는 말에서 잘 드
    러난다.

4   Kant, I., *Grundlegung zur Metaphysik der Sitten*, IV429, B66-67, 백종현 역, 『윤
    리형이상학 정초』, 아카넷, 2005, 148쪽.

5   칸트의 목적의 왕국이라는 정언 명령을 이런 방식으로 이해하려는 것은 현
    대 윤리학자들의 일반적인 태도이다. 이에 대한 상세한 논의를 위해서는,
    Feldman, F., *Introductory Ethics*, Prentice Hall, 1978, 7장과 8장을 참조.

6   여기서 필자는 『의사 파업의 윤리적 성찰』에서 제기한, 칸트와 관련하여
    제시하는 법칙의 보편성에 의사 파업이 위배된다는 주장을 다루고 있지 않
    다. 『의사 파업의 윤리적 성찰』에서는 인간을 수단으로 사용하는 것은 도
    덕 법칙으로서 보편성이 결여되어 있기 때문에, 인간을 수단으로 사용하는
    파업은 도덕적 비난의 대상이 된다고 주장한다. 말하자면, '내가 의사라면
    파업할 것이다'가 모든 사람이 보편적으로 승인하는 원리일 수 없다는 것
    이다. 그러나 필자는 이런 주장이 직관적으로 승인될 만큼 명확한 것이 아
    니라고 생각한다. 모든 사람이 의사가 파업해서는 안 된다고 주장하는 것
    은 아니기 때문이다.

7   이러한 관점은 환자와 의사의 관계 모델의 계약론적 견해로 이해할 수 있
    다. 이에 대한 자세한 설명을 위해서는, 장동익, 「계약 개념과 의사와 환자
    의 관계 모델」, 『인문과학 51집』, 인문과학연구소, 2013을 참고할 것.

8   사유 실험을 통해 기본권에 우열이 있다는 주장을 논박한 논의는 Thomson,
    J. J., *A Defense of Abortion, Contemporary Moral Arguments*, Lewis Vaughn(ed.),
    New York: Oxford University Press, 2013, pp.103-193을 참조.

9   이에 대한 상세한 논의를 위해서는 Schaller, W., "Are Virtues No More than

Dispositions to Obey Moral Rules?" *Ethics: The Big Questions*, Sterba, J. P.(ed) Oxford: Blackwell, 1998, pp.298-300을 참고할 것. 그리고 장동익, 「의료 전문직 윤리와 선행의 의무」, 『인문과학 53집』. 성균관대학교 인문학연구원, 2014, 223-232쪽을 참고할 것.

10 응급환자에 대한 의사의 의무는 칸트의 안전한 의무에 해당한다고 말할 수 있다. 응급환자에 대한 의무를 제외하고 어떤 선행도 완전한 의무로 강제할 수는 없다.

11 Beauchamp, T. L. and Childress, J. F., *Principles of Biomedical Ethic*, New York: Oxford University Press, 2001, p.166.

12 '선행'이라는 용어는 특히 동양에서 많은 오해를 불러일으킬 수 있다. 동양에서 선행이라는 용어는 통상 영어의 'beneficience'와 'benevolence' 모두를 포괄하는 용어로 이해된다. 그러나 전자는 행위의 결과에 속하는 것으로 단순히 이익을 의미한다. 그리고 후자는 우리의 성품에 속하는 것으로 하나의 덕이다. 이 구분은 '결과에 따른 선'과 '의도에 따른 선'의 구별과 유사하다. 이 둘을 혼동한다면, 많은 문제를 야기할 것이다. '선의benevolence'를 의무라고 주장할 수 없기 때문이다. 심지어 덕 윤리학Virtue Ethics에서조차 덕은 의무로 받아들여지지 않는다. 물론 덕 윤리학은 의무 개념을 사용하지 않는다.

13 Beauchamp, T. L. and Childress, J. F., op. cit., pp.116-117.

14 장동익, 앞의 책, 223-232쪽.

15 당시에 주요 논점이었던 두 주제만을 다루고자 한다. 이렇게 간략한 논의만을 전개하는 것은 여러 제약사항들 때문이다. 그러나 이러한 논의마저도 제대로 이루어지지 않았기 때문에 이에 대한 분명한 해명만으로도 이후 논의에 도움이 될 것이라 생각한다.

16 이 주장은 의사 파업을 부정적으로 보는 거의 모든 집단의 주장이다. 이에 대한 상세한 내용을 위해서는 정유석, 『의사 파업의 윤리적 성찰』, 단국대 출판부, 2002, 39-49쪽 참조.

17 De George, R. T., *Business Ethics*, Prentice Hall, 1995, p.491.

18 Garrett, T. M., Baillie, H. W., and Garrett, R. M., *Health Care Ethics: Principles and Problems*, Prentice Hall, 2001, p.16.

19 정유석, 앞의 책, 111쪽 참조.

20 많은 논리학 책은 어떤 사건의 원인을 밝히는 내용으로 제1차 세계대전의 원인에 관한 내용을 소개한다. 제1차 세계대전의 원인은 무엇인가? 우리는 통상 오스트리아의 황위계승자 페르디난트 부부가 세르비아 내에 본거지

를 두었던 암살자 그룹에 의해 보스니아의 수도 사라예보에서 암살된 사건을 예로 든다. 이것이 사라예보 사건이다. 그러나 이것은 제1차 세계대전의 원인이 아니다. 이것은 단지 제1차 세계대전의 촉매일 뿐이다.

21  의사와 환자의 관계에 대한 모델은 Veatch, R., "Models for Ethical Medicine in a Revolutionar Age", *Hastings Center Report*, 1972에서 논의했지만, 이에 대한 간략하면서도 다양한 설명을 위해서는 Thiroux, J. P., *Ethics: Theory and Practice*, Prentice Hall, 2001, pp.363-367 참조.

22  의사와 환자의 관계 모델에 관한 상세한 내용을 원한다면, 이 책 6장을 참고할 것.

## 2장 히포크라테스 선서의 현대적 적용의 문제점

1  이러한 견해의 근원으로는 '유대-그리스도주의', '힌두교', '불교,', '이슬람교', '동북아시아의 문화' 등을 들 수 있다. 이러한 관점은 히포크라테스적 이념과는 다른 생각을 표명하고 있다. 이에 대해서는 구체적으로 상술하지는 않을 것이다. 다만 히포크라테스 선서의 문제점을 탐색하면서 개략적으로 알게 될 것이다.

2  히포크라테스 선서를 히포크라테스가 저술하지 않았다는 것이 이상하게 생각할 필요는 없다. 이것은 나이팅게일 선서를 나이팅게일이 쓰지 않았다는 것이 하등 이상할 것이 없는 것과 같다.

3  Edelstein, L., "The Hippocratic Oath: Text, Translation and Interpretation" *Ancient Medicine: Selected Papers of Ludwig Edelstein*, Temkin, O. and Temkin, C. L.(ed.), Baltimore: The Johns Hopkins University Press, 1967, pp.3-64.

4  이러한 문제점을 지적하고 있는 학자들이 있다. Veatch, R. M. and Mason, C. G., "Hippocratic vs. Judeo-Christian Medical Ethics: Principles in Conflict," *The Journal of Religious Ehtics* 15 (Spring) pp.86-105.

5  마찬가지로, 최근까지 약사는 처방약의 상표 이름을 공개해서는 안 되며, 약 이름을 환자에게 알려 주어서는 안 된다고 가르쳤다. 그 이유는 아무래도 이것이 환자에게 해를 줄 수 있는 정보이기 때문이라는 것이다. 환자들은 그 약이 다른 질병에 사용되고 있다는 것을 듣고 자신이 그런 상태에 있다는 생각을 하여 괴로워할 수 있다. 또는 환자가 부작용에 대해 읽고서, 그 부작용에 대해 지나치게 불안해 할 수 있다.

6  앞에서 우리는 히포크라테스 선서가 피타고라스주의에 기원을 두고 있다고 말했는데, 가장 큰 이유 중 하나는 히포크라테스 선서가 의료 영역을 구분하는 방식, 즉 식이요법, 약리학, 외과학으로의 구분 방식이 피타고라

스가 의료 영역을 구분하는 방식을 그대로 반영하고 있다는 점이다.

7  고대 그리스 시대에 오늘날 외과의사가 담당하는 분야는 의술의 한 범주로 간주되지 않았다.

8  어떤 사람들은 낙태에 대한 히포크라테스의 금지가 낙태에 대한 그리스도주의의 반대와 들어맞는다고 말한다(Edelstein 1967, pp.62-63). 그리고 이것이 두 전통이 서로 함께 공존하는 이유라고 말한다. 그러나 그리스도교의 고대 전통을 살펴본다면, 처음 8세기의 그리스도교에 존재하는 모든 기록에 의하면 단지 11개의 언급이 히포크라테스 저작에 대해 이루어지고 있다는 것을 알게 될 것이다(Veach and Mason 1987). 이 11개 중 9개는 이 선서와 전혀 관계가 없다. 이들은 이 저작이 전통적인 그리스 저작의 모델이라고 주장하면서 이 저작의 우수성을 칭찬한다. 단지 두 언급만이 8세기 그리스도교 시대에 히포크라테스 선서를 언급하고 있다. 이 두 언급은 그리스도교적 전통과 히포크라테스적 전통의 차이점을 드러내면서 히포크라테스적 개념에 적대적이었다.

9  천시 리크Chauncey Leake는 퍼서벌의 의료윤리 규약을 히포크라테스 전통에서 있다고 분류하고 있다(Percival 1927; Berlant 1975; Waddington 1975). 그러나 최근에 학자들은 이런 해석에 의문을 제시하고 있기도 하다. 그들은 히포크라테스 선서가 의사와 환자의 관계에서 분리된 개인에 관심을 갖는 반면에, 퍼서벌은 사회적 관계에 대한 확장된 논의를 포함시키고, 사회에 대한 의사의 의무를 포함시킨다는 점에서 히포크라테스적 전통과는 다르다고 주장한다. 이런 점에서 볼 때 퍼서벌이 그 시대의 철학적 작업을 많이 숙지하고 있었으며, 히포크라테스의 형식을 그대로 답습하고 있지 않다는 것은 분명해 보인다.

10  Edelstein, L., op. cit., 참조.

11  Veatch, R. M. and Mason, C. G., op. cit., 참조.

12  이런 서약의 내용도 현대에는 매우 낯선 것으로 받아들이기 어렵다. 이에 대해 서약한다면 스승의 경제적 어려움을 제자가 해결해 주어야 할 것이다. 이에 관한 내용을 위해서는 Veatch, R. M., *The Basics of Bioethics*, Prentice Hall, 2000, pp.2-5를 참조할 것.

13  '지식 비공개'에 대한 태도는 현대에도 여전히 유지된다. 환자의 의료 정보를 공유하는 것에 대해 불편해 하는 의사들도 많다.

14  이에 대한 가능한 하나의 설명은, 그 본래 의미가 히포크라테스 집단의 의사들은 수술이 종교적으로 규정된 (예를 들면 피와 배설물을 만지는 것과 같은) 더러움과 관련되어 있기 때문에 순수함을 유지해야 하는 자신들은

수술해서는 안 된다는 것이다.

15  히포크라테스 전통을 따르는 현대의 의료윤리 규약은 퍼서벌 의료윤리 규약, 미국의사협회 강령, 제네바 선언 등이다.

# 제 2 부

# 전문직 윤리로서
# 의사의 윤리와 의무

# 제3장

# 의사의 윤리와 전문직

## 전문직으로서 의사의 현 상황

최근 들어 우리 사회에서 의사들이 윤리적이지 않다고 생각하는 경향이 두드러지게 나타나고 있다. 더 심하게는 의사들이 자신의 소명인 생명 보호마저도 소홀히 하고 있다고 생각하는 사람도 적지 않다. 실제로 의사의 진료를 받은 사람들은 의사의 행동에 분통을 터트리는 경우가 허다하며, 의사를 불신하는 경우마저 적지 않다. 이와 달리 의사들은 일반인들의 이런 생각을 전혀 이해하지 못하며, 어떻게 해서 이런 생각을 갖게 되었는지 납득할 수 없는 일이라고 말한다.

많은 의사가 자신들 역시 자신의 이익과 욕망을 희생하면서 환자를 위해 헌신하고 봉사하고 있다고 생각한다. 그래서 의사들에 대한 이런 비난에 매우 억울해 한다. 의사들은 일반인이 생각하는 것과는 달리 많은 부분 자신들의 윤리에 부합하는 생활을 하며, 보다 고양된 윤리적 삶을 위해 진지하게 노력하고 있다고 말한다. 이것이 사실이라면, 의사들이 억울하다고 호소하는 것도 납득할 수 있을 법하다.

의사와 일반인의 생각은 양쪽 모두 옳을 수도, 또는 양쪽 모두 그를 수도, 어느 한쪽만 옳을 수도 있다. 그러나 어쨌든 의사와 일반인들 사이에 윤리적 측면에서 괴리가 존재한다는 것은 분명 사실인 듯하다. 의사와 일반인들 사이의 이러한 윤리적 견해의 괴리는 사회적으로 단순한 것이 아니라 상당히 심각한 사회 문제를 낳을 수 있다. 왜냐하면 의료가 그 사회에서 차지하는 중요성의 정도에 비례해서 사회적으로 심각한 문제점으로 부각될 수 있기 때문이다.

일반인들이 의사에 대해 불신하고, 이로 인해 의사가 자신의 능력을 제대로 평가받지 못하여 환자는 병·의원을 순례하듯 드나들고, 의사는 오해로 인한 불명예를 떠안고, 피해의식과 자괴감으로 괴로워한다. 의사의 이런 피해의식과 자괴감은 또다시 환자의 불신을 낳는 악순환의 고리가 된다. 이러한 혼란은 심각한 사회적, 윤리적 어려움을 양산하고, 이 문제를 해결하기 위해 엄청난 사회 비용과 대가를 치르게 될 것이다.[1]

의사에 대한 불신과 이로 인한 사회적 혼란의 문제를 해결하고자 한다면 가장 먼저 고찰해야 할 사항이 있다. 그것은 의사에 대한 불신의 원인을 철저히 밝히는 것이다. 이런 불신과 불만의 원인을 철저히 밝히기에 앞서 먼저 일반인들에게 부과되는 윤리보다 의사에게 부과되는 윤리의 수준이 높다는 것을 이해할 필요가 있다. 왜냐하면 의사에게 높게 부과되는 윤리 수준이 의사에 대한 불신과 불만의 근거가 되기 때문이다. 따라서 일반인의 의사에 대한 불신과 불만을 이해하기 위해서는 의사에게 높은 윤리적 수준을 요구하는 근원이 무엇인가를 먼저 살펴보아야 한다.

의사의 직무는 전문직이기 때문에 높은 수준의 윤리가 강제된다는 생각은 합당해 보인다. 그런데 의사의 직무는 인간의 생명과 직접 관련되어 있기 때문에, 어떤 다른 전문직 종사자보다도 의사에게 더 높은 수준의 의무가 부과된다. 그런데 의사에게 부과되는 높은 윤리 수준은 의사들이 전문 직업인으로서 누리고 있는 여러 특권에 근거하므로 합당한 것이다.[2]

이와 같은 내용을 자세히 정리하고 보충해서 설명해 보자.

1) 전문직은 여타의 직업보다 더 높은 수준의 윤리가 요구된다.
2) 의료 전문직으로서 의사는 어떤 전문직보다도 더 전문적 능력을 가져야 한다.[3]
3) 의사는 여타의 전문직보다 더 높은 수준의 윤리가 요구된다.
4) 전문직에 더 높은 수준의 윤리가 요구되는 것은 그 전문직이 누리는 특권에 근거하고 이에 비례한다.

이와 같은 네 가지 조건을 동시에 받아들인다면, 결과적으로 다음과 같은 내용을 승인하는 것이다.

5) 의사는 어떤 전문직보다도 더 많은 특권을 누리거나 누려야 한다.[4]

일반인은 1)~3)까지의 내용에만 관심을 집중함으로써 의사들이 직무에 의해 요구되는 윤리적 의무를 다하지 않는다고 생각하는 듯하다. 이에 반해 의사들은 4)~5)로 이어지는 자신들의 윤리적 의무에 비례하는 경제적, 사회적 특권이 그다지 만족할 만한 수준이 아니라고 불만을 토로한다. 말하자면, 의사에 대한 일반인의 불만은 수준 높은 의사의 윤리를 강조한 데서, 그리고 의사의 불만은 특권을 누리지도 못하면서 높은 수준의 윤리만을 강요받고 있다는 데 있는 듯하다.[5] 그렇다면 먼저 전문직이 어떤 특징을 가지고 있는지, 그리고 더 높은 수준의 윤리를 요구받는지에 대해 살펴보도록 하자.

## 전문직의 조건과 특성

의사와 환자 간의 갈등의 근원은 매우 다양하다. 전문직의 특권과 의무에 대한 견해 차이가 의사와 환자 간의 갈등의 중요 요인이기는 하지만, 다음과 같은 차이도 환자와 의사의 갈등의 골을 깊게 만든다. 말하자면 환자와 의사의 관계에 대한 견해의 차이, 환자와 의사의 관계에서 가장 중요하게 여기는 것에 관한 차이, 정의 개념을 어떻게 설정하느냐에 대한 차이, 선행의 의무에 대한 제약과 한계 설정에 관한 견해 차이 등에 의해 갈등이 깊어질 수 있다. 이런 많은 원인들에 대해서는 차후에 살펴보기로 하고, 이러한 갈등의 가장 기초적인 원인은 전문직의 특권과 의무에 대한 견해의 차이에 의거하고 있기 때문에, 먼저 전문직의 조건과 그 윤리적 특성을 살펴보는 것이 좋은 듯하다.

## 전문가, 아마추어 그리고 수입

현대 사회는 점점 복잡해지고 특성화되고 있다. 이에 따라 우리의 지식은 세분화되고 전문화되는 경향이 있다. 그러나 우리가 사용하는 전문직 또는 전문가라는 용어는 애매한 용어이다. 이 용어의 애매성을 제거하기 위해서 우선 전문가라는 용어와 아마추어라는 용어를 비교해 볼 필요가 있다. 아마추어 중 어떤 사람들은 전문가가 가지고 있는 지식 못지않은 전문성을 가지고 있을 수 있다. 하지만 아마추어가 여가 시간에 대가와는 무관하게 그 일을 즐기는 반면에, 전문가는 탁월한 기술을 가지고 있으며, 이에 상응하는 대가를 받고 그 기술을 행하며, 자신의 전 생애 동안 그 일에 종사하는 사람이다.

보수나 대가로 전문가를 구분한다면, 목수, 배관공, 자동차 수리공, 벽돌공, 이용사 등도 전문가의 범주에 들어간다. 즉 이들은 자신들의 직업에 맞는 기술을 익히고, 일생 동안 그 일에 종사한다. 그리고 이 일을 통해 수입을 얻고, 자신들의 일에 보람과 자긍심을 갖기도 한다. 이런 의미에서 보면 이들의 활동은 전문적이다. 그러나 이들의 직업을 전문직이라고 말하는 것은 과도하다.[6] 전문직을 이런 방식으로 분류한다면, 너무도 많은 전문직을 허용하기 때문이다. 더구나 통상적으로 전문직의 기본 특성은 지적인 것으로 인식되고 있다. 따라서 기본적으로 육체적 능력을 주된 활동으로 삼는 직종을 전문직이라고 말하는 것은 바람직하지 않다. 그리고 그렇게 분리하는 것은 사회적 실익도 없다.

우리의 논의를 위해 전문가에 대한 규정이 필요하기 때문에, 비록 정확한 구별은 아닐지라도 잠정적인 규정을 말해 둔 필요가 있다. 즉 전문가는 오랜 기간을 통해 습득한 지식을 가지고 지적인 일에 종사하면서 자신의 전 생애를 이 일에 몰두하고 보수를 받아 생활을 영위하는 사람이라고 일단 말하기로 하자.

## 전문직의 조건

어떤 영역을 전문직이라고 말하고자 한다면, 전문직으로서 자격을 갖기 위한 기준과 조건이 먼저 제시되어야 한다.[7] 윤리와 관련한 전문직의 조건은 다음과 같이 두 가지로 압축해 볼 수 있다.

첫째, 전문적이고 체계적인 교육을 받아야만 그 직종의 일원이 될 수 있는 그런 직종이어야 한다. 예를 들면 의사는 다른 직업인보다 통상 더 오랫동안 많은 시간을 대학에서 공부하고, 수련의와 전문의 과정을 통해 고도의 전문 지식을 습득한다. 왜냐하면 이러한 지식은 사회에 유익하고 일반인들이 쉽게 습득할 수 있는 것들이 아니기 때문이다.[8]

둘째, 제공하는 서비스가 그 사회에 중요한 것이어야 하며, 그 직종을 전문직으로 존중했을 때 그 직종의 서비스의 질이 향상될 수 있어야 한다. 하나의 직종이 전문직이 된다는 것은 전문직에 부여된 명예와 특권이 보장된다는 것을 의미한다. 전문직화를 통해서 그 사회에 필수적이고 중요한 서비스가 원활하게 제공되는 것이 보장될 수 있기 때문이다. 결국 그 사회에 중요한 서비스를 원활하게 공급하고, 나아가 높은 질적 수준을 유지하기 위해서는 그 직업에 전문직으로서의 권한을 부여할 필요가 있다.[9]

전문직에는 많은 보수가 뒤따른다. 현대에 전문직이 많은 보수와 수입을 얻는다는 것은 당연한 일이 되었다. 따라서 많은 사람들은 많은 보수와 수입을 전문직의 조건이라고 생각하는 경향이 있다. 그러나 전문직 종사자들이 많은 보수를 받는다는 것은 전문직의 필수적인 특성은 아니다. 전문직이 많은 보수를 받는 것이 단지 우연에 의한 것일 수 있다. 물론 현대의 전문직 종사자에게 많은 보수가 보장되는 것이 통상적인 일이다. 현대의 여러 직종이 자신들의 영역을 전문직이라고 주장하고 강조하는 이유가 여기에 있을 것이다.

그러나 많은 보수가 전문직의 필수적인 특징이 아니기 때문에, 보수가 많다고 해서 그 직종이 전문직이 되는 것은 아니다. 또한 많은 수입과 보수를 목적으로 전문직이라고 주장하는 것은 전문직의 본래 의미를 망각한 주장일 뿐이다. 그러나 하나의 직종이 전문직인 한, 그 직종 종사자가 많은 수입과 보수를 요구하는 것도 어찌보면 합당한 일이다. 그들은 오랫동안 공부하고 훈련하여 고도의 전문 지식을 가지고 활동하기 때문이다. 또한 이러한 오랜 공부와 고도의 훈련에 대한 대가를 요구하는 것은 당연한 일이기 때문이다.

## 전문직의 특권

하나의 직종이 전문직이기 때문에 갖게 되는 특권이 있다. 물론 이러한 특권은 전문직으로서의 특징이며, 이런 특권은 또한 전문직 종사자에 대한 제약의 근거가 되기도 한다. 이런 특권은 '단체 구성권'과 '자율성 보장'이다. 그리고 전통적으로 명예와 존경이 뒤따른다. 전문직의 단체 구성권과 자율성 보장은 전문직의 핵심적 특성으로, 이 두 가지 권한을 보장해야만 그 직종 구성원들이 전문직으로서 보다 나은 활동을 할 수 있게 된다. 전문직이 제공하는 서비스는 그 사회에서 중요하다고 간주되는 서비스이기 때문에, 전문직 구성원에게 보다 나은 활동을 보장하는 것은 바람직해 보인다.

전문직 구성원들은 자신들의 단체를 구성하고서, 자신들의 고유한 윤리를 천명하고 전문직으로서 특정한 전통을 이어간다. 전문직 단체는 자율성을 가지고서[10] 그 구성원으로의 가입을 통제하고, 구성원을 징계한다. 그리고 구성원들의 간섭을 받지 않고 활동하며, 구속받지 않을 어떤 기준을 만들어 공표할 수 있다.

한편 전문직은 구성원으로의 가입을 통제하기 위해 허가된 사람만 그 전문직에 종사할 수 있는 면허제를 도입한다. 그리고 전문직 단체의 고유한 활동으로 면허 발급의 권한을 요구한다. 그 면허의 발급 권한은 전문직의 중요한 특성 중 하나이다. 전문직은 직업적 활동에 유능하고 뛰어난 능력을 가진 사람으로서 사명과 긍지를 가지기를 바란다. 이것이 전문직과 일반적 직업의 차이이다. 그리고 이런 사명과 긍지 덕분에 전문직에 특권과 권리 그리고 존경과 존중이 부여된다고 생각한다. 말하자면 전문직의 면허는 직업적 능력에서 유능하고 자신들의 활동에 긍지를 갖게 하는 역할을 하며, 구성원의 자격을 통제하고 전문직 구성원을 통제하여 이런 능력과 자격을 가진 사람들만이 전문직으로서 활동할 수 있게 한다. 면허제와 관련해서는 4장에서 좀 더 상세히 설명할 것이다.

## 전문직에 요구되는 높은 도덕적 기준

사람들은 의료 서비스가 신뢰할 만한 것이기를 바란다. 또한 의료 서비스는 건강 또는 생명과 직접적으로 관련되어 있기 때문에, 신뢰할 수 있는 의료 서비스가 원활하고, 양질의 서비스가 제공되기를 바랄 것이다. 그러므로 의사들이 모두 유능하기를 바란다. 그렇다면 앞에서 말한 바대로 의료직이 대표적인 전문직이라는 것은 분명해 보인다.

전문직에 부여되는 특권은 전문직 구성원들에게 다른 사람에게 요구되는 것보다 더 높은 행위 기준을 요구하는 근거가 된다. 전문직 구성원은 자신들이 누리는 특권에 대한 보상으로 공적인 선善에 이바지할 것을 요구받고, 높은 수준의 도덕을 요구받는다. 따라서 전문직 구성원의 잘못에 대해서는 강도 높은 징계가 따를 수밖에 없다.[11]

## 의료 전문직 윤리

환자는 의사가 탁월한 진료 능력을 가져야 한다고 요구한다. 의사의 진료 능력은 환자의 생명과 직결되어 있는 매우 중요한 것이기 때문이다. 따라서 의사가 전문 직업인으로서 활동한다는 것은, 다른 직업과는 달리 단순히 직업을 가졌다는 것만을 의미하는 것이 아니다. 전문직업인으로서 의사의 활동은 단순한 직업적 활동 이상의 어떤 의미를 가진다. 모든 의사가 꼭 그런 것은 아니지만, 대체로 전문직으로서 의사는 평생 동안 의료 활동을 하며 살아간다. 이들은 치료 활동에 종사하고, 이런 활동을 통해 보람을 느끼며 자아를 성취한다. 또한 의사는 의료 행위에 헌신하며, 이를 위해 어느 정도 자신의 삶을 희생하기도 한다. 말하자면 의사는 자신의 치료 활동을 통해 자신의 정체성을 확인한다.[12]

환자에 대한 치료를 통해서 의사는 의사로서 자신의 정체성을 확보할 수 있으며, 그 방법이 정체성을 확보할 수 있는 유일한 방법인 셈이다. 의사가 훌륭한 의사good doctor가 되는 것과 관련하여 자신의 정체성을 형성하기 위해서는 먼저 의료 지식과 관련하여 유능한 사람이어야 한다. 그러나 훌륭한 의사가 된다는 것은 의료 지식의 탁월성만으로 끝나지 않는다. 의료 지식에 있어서 탁월할 뿐만 아니라 윤리적일 것까지 요구한다. 즉 자신의 의무 이외에 유덕한 성품을 가져야 한다.[13] 이러한 성품으로는 정직, 공감, 재치, 숙련, 절제, 신뢰, 충실함 등이 있다. 이 중에서 충실함은 보다 더 강조되는 성품이다. 왜냐하면 충실함의 성품을 가진 의사는 만성 질환자나 말기 환자의 치료를 함부로 포기하지 않을 것이며, 환자는 그런 의사로부터 자신이 보호받을 수 있다는 기대를 하게 될 것이고, 이것을 통해 위안을 얻게 될 것이다.[14]

훌륭한 의사라는 말은 일반적으로 사용된다. 그러나 이 '훌륭한good' 이라는 어휘는 여러 의미를 가지고 있다.[15] 훌륭한 의사란 의학 지식이 풍부한 유능한 의사를 의미하는 경우가 있으며, 도덕적인 의미로 사용되기도 하고, 심지어 환자와 감정적 교감을 이루는 의사를 의미하기도 한다. 그렇다면 훌륭한 의사란 이 세 의미 모두를 만족시켜야 하는가? 과연 이 모든 의미를 만족시키는 의사가 얼마나 될 것인가? 이 세 의미 중 하나나 두 개를 만족시키는 의사는 훌륭한 의사가 아닌가? 세 의무 모두를 만족시켜야 한다면, 너무도 엄격한 기준을 요구하는 것일 수 있다. 그렇다면 이렇게 엄격한 기준으로 의사의 잘잘못을 가리고서 의사를 비난하는 것은 합리적이지 않다.

전문가는 보수를 받고 자신의 직업 활동을 하는 사람이다. 전문가로서 보수를 받고 활동한다는 것은 의사도 예외가 아니다. 따라서 의사가 금전적으로 혜택을 받고 있다는 것이 훌륭한 의사라는 평가에 직접적인 영향을 미쳐서는 안 된다. 즉 보수가 많고 적음은 의사의 훌륭함을 결정할 때 주된 근거가 될 수 없다.[16] 그러나 어떤 사람들은 의사의 치료 결정은 의사의 이익에 대한 고려 없이 이루어져야 한다고 주장한다. 즉, 의사의 직업 활동은 보수 없이도 잘 수행되어야 한다고 말하기도 한다.[17] 이러한 주장은 많은 오해를 불러오는 근원이 되기도 한다.

사실 의사의 치료 결정이 의사의 이익에 대한 고려 없이 이루어져야 한다는 주장은 보수 없이도 의사가 치료 행위를 해야 한다는 주장의 근거가 될 수 없다. 왜냐하면 이런 주장은 의사의 더 많은 이익을 얻기 위해 과잉진료를 하거나 치료를 중단해서는 안 된다는 주장에 불과하기 때문이다. 즉 이 주장은 치료를 통해 의사가 이익을 누려서는 안 된다는 것으로 해석하는 것은 잘못된 추론이다. 그러나 이런 주장을 의사가 이익을 누려서는 안 된다는 것으로 해석함으로써 많은 오해의 불씨를 낳고 있다. 애매하거나 모호한 주장이 그른 결론을 도출하는 것은 흔한 일이다. 의사에 부여된 보수 없는 활동에 대한 강조와 근거 없는 해석은 의사에게 과도한 의무를 부과하는 결과를 낳고 말았다.

물론 의사의 직분을 소명이나 천직이라고 말하면서 의사의 의무와 책임을 높은 수준으로 요구하고, 의사의 정당한 보수마저도 배제하려는 경향을 보이는 사람들도 있다. 그러나 의사의 직업을 소명이나 천직이라고 말하는 것은 아주 오래된 이념, 즉 봉건적 이념의 산물이며, 따라서 현대 사회에는 부합하지 않는 이미 낡은 주장이라 할 수 있다. 이런 낡은 이념에 의거해서 의사의 윤리를 결정하려는 태도는 현대에는 잘 어울리지 않는다.

이런 낡은 이념에 근거하여 주장하는 것은 많은 경우에 의사의 직분을 필요 이상 억압할 가능성이 있다. 이런 주장은 의사들 스스로 원하지 않는, 그리고 환자에게마저도 이점이 없는 결과를 초래할 수 있기 때문이다. 소명과 천직이라는 어휘는 막연히 성직자를 연상시킨다. 이렇게 연상함으로써 의사에게 성직자에게나 해당할 책임과 의무를 부여하게 되면, 성직자와 같은 의사는 환자의 자율성을 무시해 버릴 수 있게 된다. 이것은 환자와 의사 모델 중 성직자 모델이 가지는 가장 큰 결점 중 하나이다.[18] 오늘날 환자의 자율성을 무시하는 것은 사회적 악으로 간주되고 있다.

오늘날 의사들은 성직자처럼 살고자 바라지도 않는다. 실제로 성직자로 살기 위해 의사가 된 사람이 얼마나 있을 것이며, 과연 있기는 한 것일까? 아무리 성직자 모델을 강조한다고 해도, 환자가 의사를 성직자처럼 생각하고, 존중하고 따르기는 할 것인가? 이와 같은 생각은 환자와 의사 모두 결코 바라지 않는, 낡아서 폐기되어야 할 이념일 뿐이다. 그러나 특정한 목적을 가진 사람들은 환자와 의사 모두에게 이점은 없고 폐단만 있는 이념을 자꾸 되새겨 주장한다. 이렇게 되새기는 그들의 목적은 무엇인가? 의사와 환자의 관계에 불화를 일으키는 것이 목적이라면, 그 불화를 통해 어떤 이득을 얻는다는 것인가?

## 의료 전문직의 윤리적 특성

의사의 직업 윤리적 특성과 의사와 환자의 관계는 서로 밀접한 연관을 맺고 있다. 의사의 직업 윤리적 특성은 의사가 전문직업인으로서 의료 지식을 독점하고 있다는 것에 크게 의존한다. 이것은 의사가 일반인과는 다른 의무와 권리를 갖게 되는 근거가 된다. 또한 이러한 특성은 의사와 환자의 관계 설정에도 결정적인 영향을 미칠 것이다. 그리고 의사의 직업 윤리적 특성과 의사와 환자의 관계설정을 어떻게 하느냐에 따라 의료 재화의 분배 문제에서 의사의 역할이 결정될 것이다. 예를 들면 의사와 환자의 관계가 온정적 간섭주의 입장을 받아들이느냐, 계약적 관계를 받아들이느냐에 따라 의료 재화의 분배와 할당에 의사가 개입할 수 있는 정도와 한계가 설정될 것이다. 설령 직접적이고 결정적이진 않을지라도, 적어도 상당 부분 영향을 미칠 것은 분명하다.[19]

　의사와 관련한 직업윤리 논의는 주로 다음과 같은 두 가지 사실에 근거하여 이루어진다. 즉 첫째, 의사가 습득한 지식은 전문적이며, 사회에 유익하고, 일반인이 쉽게 습득할 수 있는 것이 아니라는 사실, 둘째, 사회가 의사에게 일반 시민들, 비숙련 노동자에게 요구하는 것보다 높은 수준의 도덕성을 요구한다는 사실에 근거하여 논의되고 있다. 물론 의사와 관련한 직업윤리 논의가 이런 두 사실에만 근거하는 것은 아니지만 이 두 사실을 제외하고 이루어진다면, 그 논의는 핵심을 벗어난 주변만을 겉도는 논의로 전락할 것이다.

　의사는 다른 직업인보다도 통상 더 오랫동안 대학에서 공부하고, 수련의, 전문의 과정을 통해 전문 지식을 습득한다. 의사의 지식은 사회에 유용하며, 이런 지식을 바탕으로 일반인이 필요하고 원하는 의료 서비스를 제공한다. 이런 의료 서비스를 받는 환자들은 그 의료 서비스가 신뢰할 만한 것이기를 바란다. 왜냐하면 의료 서비스는 건강 그리고 생명의 문제와 직접적으로 관련되어 있기 때문이다. 따라서 자신의 건강과 생명을 맡긴 사람이 유능한 의사이기를 원하는 것은 어쩌면 당연한 일이기도 하다.

유능한 능력을 가졌기를 원한다는 점에서 전문직이 요구하는 지식 수준에서 유능한 사람만이 의료행위를 하도록 제한되어야 한다.[20] 이것은 의료 지식의 분배 문제와 관련된 사항이다. 사회는 훈련, 지식, 능력에 대한 증거를 요구하며, 자격증 과정을 두어 의료 서비스를 제공할 수 있는 자격 있는 사람을 가려내고 있으며 가려내야 한다. 그리고 그렇게 선발된 의사는 그 능력에 따른 의사로서 고유한 의무와 고유한 권한을 갖게 될 것이다.

전문직으로서 의사에게 요구되는 도덕적 요구 역시 일반 시민들 그리고 비숙련, 비전문직에게 요구하는 것보다 높은 수준의 것이다. 이들에게 요구되는 도덕은 단지 환자를 속이지 않고, 환자에게 거짓말을 하지 않는 것으로 그치는 것이 아니다. 진실을 말하는 것과 정직하라는 것은 의사뿐만이 아니라 모든 사람에 해당하는 최소한의 도덕적 요구사항이다. 그러나 의사가 지켜야 할 도덕적 규약은 이런 최소한의 도덕적 요구사항을 넘어 그 이상을 요구한다. 사실 의사가 지켜야 할 진실을 말할 의무는 단순한 약속의 의미가 아니라 환자의 건강을 보장하기 위해 전제되는 보다 강력한 의무이다.

의사들이 의료 서비스를 제공하는 것은 생계를 위해 돈을 벌기 위한 단순한 활동만이 아니라 그 이상의 어떤 다른 것을 위한 것이라고 말한다. 논의의 여지가 많기는 하지만, 의사는 환자가 돈을 지불할 수 없을 때조차도 의료 서비스를 제공해야 한다는 것이다.[21] 또한 의사들은 많은 시간을 진료와 치료에 종사하도록 요구받을 수도 있다. 즉 필요하다면 퇴근 후에도, 달갑지 않은 시간까지도 환자에게 봉사하도록 요구받는다. 의사는 자신의 직무와 관련해서 다른 전문직이나 비전문직의 사람보다 높은 도덕적 표준[22]에 따라야 한다. 물론 의사들은 그에 따른 보답으로 보다 많은 존경을 받고 있다. 이러한 관점은 온정적 간섭주의에 의한 선행의 원리와 잘 부합한다. 즉 의사는 환자의 부모와 같은 입장에서 선행을 베풀어야 하며, 부모가 가지는 전적인 권한과 존경을 받아야 한다는 것이다.

의사에게 이런 의무가 있다고해도, 근무시간 이상의 봉사를 기꺼이 반기는 사람은 없을 것이다. 이런 요구를 무작정 강제하는 것은 바람직하지 않다. 의사는 의사로서 적절한 행위를 해야 하지만, 부당한 요구에 따를 필요는 없다. 그러나 의사에게 요구되는 이런 높은 도덕적 요구 덕분에 의사의 높은 수입이 정당화될 수 있다고 주장하는 사람들이 있다. 이들은 또한 전문 지식에 투여된 많은 노력을 보상한다는 의미에서도 의사들의 높은 수익은 정당화될 수 있다고 말한다. "의사의 이익은 그들이 다른 사람보다 높은 도덕적 규약에 따라 사는 정도만큼 합당하다."[23] 이런 주장은 전통적인 입장으로서, 큰 이견 없이 받아들여질 만한 합당한 입장으로 통상 인정되어 왔다.

그러나 의사의 의무와 권리를 설정하는 여러 견해들이 있다. 그리고 이런 견해에 따라 의사의 의무와 권리는 그 내용이 달라질 수 있다. 이러한 견해들을 고찰하면서 의사의 권리와 의무가 어떻게 달라질 수 있는지를 간략하게나마 살펴보는 것은 흥미로운 주제가 될 것이다.[24] 앞에서 밝혔듯이, 의사의 선행의 의무를 인정할 때조차도 그 일반적 선행은 의사와 환자가 주고받는 '호혜성'에 근거해야 한다는 것이다. 또한 특정한 선행의 의무는 환자와 의사를 엮어 주는 제도나 계약을 통한 특별한 도덕적 관계에서 생겨난다. 이런 특별한 도덕적 관계에 대해서는 각 사회마다 다를 것이며, 따라서 우리도 이에 대한 구체적인 논의가 필요하다는 것이다. 사회 전반에 걸쳐 의사와 환자의 특별한 도덕적 관계에 대한 구체적인 논의가 이루어져 있지 않음에도 특별한 도덕적 관계를 임의로 설정한다면, 이는 의사와 환자의 적어도 한쪽 또는 양쪽 모두의 불만을 사게 될 것이 확실하다.

그렇다면 의사에게 당연한 것으로 간주되고 있는 선행의 원리에 따른 선행의 의무는 마땅히 그 한계와 범위가 각 사회마다 그 사회에 맞는 구체적인 논의를 통해 설정되어야 한다. 특히 선행이라는 개념이 너무 막연하고 추상적이라는 점에서도 구체화되어야 하며, 또한 선행이 하나의 의무가 되는 상황과 그렇지 않은 상황을 분명하게 구분할 필요가 있다. 이에 대한 구체적인 논의가 절실하다. 또한 사회가 복잡해지고 다원화되면서 환자의 자율성을 존중하는 계약론적 견해가 의사 직업윤리의 한 축으로 등장하였다. 이런 계약론적 견해는 앞에서 말한 '호혜성'에 근거하고 있는 견해이다. 계약론적 견해는 막연히 상호 신뢰라는 애매한 용어에 전적으로 의존하고 있지 않으며, 현대 사회에 등장할 수 있는 문제점들을 포괄할 수 있는 견해이다. 한편으로 이 계약론적 견해는 의사의 선행을 강요하는 전통적 견해와 상당 부분 다르다.


## 의사에 대한 불신의 근원들

이쯤에서 사람들이 의사를 불신하게 된 좀 색다른 이유를 찾아 볼 필요가 있다. 첫째, 의료 영역의 전문화이다. 의료 영역은 점점 전문화되어가고 있다. 이런 전문화는 사람들로 하여금 의사를 특별한 기술을 가진 전문 기술자로 생각하게 하였다. 따라서 이제 의사는 고용된 전문 기술자일 뿐이다. 이런 생각은 점점 구체화되어 결과적으로 의료 영역 전반에 걸쳐 비인격화가 진행되었다. 이런 비인격화로 의료 영역은 전통적 도덕성과 본질적 의미를 상실해 버렸으며, 의사와 환자는 불신과 반목의 위험에 처하게 되었다.[25]

둘째, 거대해진 국민건강보험공단과 이를 조종하는 정부의 태도이다. 국민건강보험공단은 비용을 줄이려는 계획의 일환으로 의사들의 자율적 진료의 특권이 보장되어 있는 처방에 대해서조차도 의사가 고의로 부당 청구한 것처럼 과대 발표하고 있다. 그리고 보험 재정의 위기를 자신들의 운용상의 무능에 의해 야기된 것이 아니라 의사들의 과잉 진료에 의한 것이라고 뒤집어 씌우고 있다. 보험료 인상은 의사들이 자신들의 수입을 늘리려는 이기심 때문이라고 매도하는 경향이 있다. 결국 정부의 잘못된 정책과 국민건강보험공단의 무능에 의해 생겨난 불만임에도, 이들의 교묘하고 간교한 술수에 의해 모든 불만이 의사에게 쏟아지고 있다. 국민건강보험공단과 정부의 태도는 의사를 부도덕하고 파렴치한으로 만들어 버렸다. 즉 국민건강보험공단이 의사에 대한 불신을 조장함으로써 의사와 환자의 신뢰는 점점 멍들어 가고 있다.[26]

셋째, 미디어도 의사의 이미지 실추에 커다란 역할을 했다. 미디어는 지난 수십 년 동안 의사에 대해 긍정적인 태도를 가지고 있지 않았다. 미디어를 통해 의사에 대한 부정적인 시각이 전달되면서 의사에 대한 생각도 부정적인 분위기로 바뀌었다. 즉 지난 수십 년 동안 미디어는 의료사고 사례, 의사의 수입 그리고 의사의 결점을 경쟁하듯이 부정적으로 쏟아냈고, 이것은 결국 의사에 대한 존경심을 하락시키고 불신을 키우는 결과를 가져왔다.

　이런 불신이 증가하면서 사람들은 의사를 단순한 기술자에 불과하다고 여기게 되었다. 더구나 자기가 받을 몫보다 지나치게 많은 몫을 받고 있는 거만한 기술자로 생각하기에 이르렀다. 의사를 이렇게 냉소하는 것은 온당하지 않다. 그러나 이런 냉소가 여전히 확산되고 있다. 이런 냉소는 의사와 환자 모두에게 좋지 못하다. 이런 불신과 냉소가 하루 빨리 극복되어 상호 신뢰의 길을 찾아야만 환자와 의사가 공존할 수 있을 것이며, 이를 통해 질 높은 의료 서비스가 보장될 수 있을 것이다.

# 제4장

# 의료 전문직 윤리와 선행의 의무

## 의료 전문직 윤리의 특성

여기에서 다루는 내용은 3장에서 설명된 내용과 중복되는 부분들이 있다. 그러나 여기에서 설명하는 내용은 이미 설명한 내용보다 좀 더 세밀하고 논리적으로 재구성되어 다른 결론을 도출하기 위한 것이다. 다시금 살펴보는 것이 결코 헛된 노력은 아닐 것이다.

의료 전문직 윤리는 우리의 통상적인 일반 윤리와는 여러 면에서 다른 특성을 지닌다. 심지어 여타의 직업윤리와 비교해서도 상당한 차이가 있다. 의료 전문직이 특수한 사회적 지위를 차지하고 있기 때문이다. 오늘날 의료는 사회적 역할이 강화되었다. 그래서 사회적 중요성이 크게 부각되었다. 나아가 사회적 정의, 특히 분배적 정의를 논의하는 데 있어 의료의 영역이 핵심적인 주제로 부각되기도 한다. 그만큼 의료가 담당하고 있는 사회적 역할은 크며, 그런 점에서 의료와 관련된 종사자들의 사회적 힘은 막강해졌다.

의사는 전문 지식을 습득하기 위하여 여느 직업보다도 더 오랜 동안 훈련을 받는다. 이것은 신뢰 있는 의료 서비스가 제공되어야 한다는 사회적 기대에 부응하기 위한 장치이다. 신뢰 있는 의료 서비스가 제공되어야 하는 이유는 의료가 건강과 생명의 문제와 직접적으로 관련되어 있기 때문이다. 건강은 생명과 직결되는 문제이며, 생명은 단 한번 뿐인 일회성을 갖는다. 따라서 사람들은 자신의 건강과 생명을 돌보는 의사들이 직업적으로 유능하기를 바란다. 이런 소망은 결코 과도한 것이 아니며, 어쩌면 당연한 일이다.

의사가 유능하기를 바란다면, 특정한 조건에 부합하는 사람에게만 의료 행위를 허용하는 허가제 도입을 요청할 것이다. 실제로 의료 서비스를 제공할 수 있는 사람을 가려내고 이들에게만 의료 전문직로서 고유한 역할과 권한을 부여하고 있다. 의사가 가지게 되는 역할과 권한에 대한 논의도 매우 흥미로운 주제이기는 하다. 그러나 이 글의 핵심적인 주제는 의사의 고유한 역할과 권한에 관한 것이 아니라 의사가 가지는 역할과 권한에 의해 생겨나는 의무와 그 의무의 한도에 관한 것이다. 따라서 의사의 고유한 역할과 권한에 관한 논의는 고유한 역할과 권한이 의사에게 부여하는 의무와 그 의무의 한도와 관련해서 다루는 것이 바람직하다.

거의 모든 사회에서 의료 전문직에게는 여타의 직업군에 비해 매우 높은 수준의 도덕적 실천을 요구한다. 의료 전문직은 단지 환자를 속이지 않고 환자에게 거짓말을 하지 않는 것으로 그치는 것이 아니라 환자에게 정직하고 진실을 말하도록 요구한다. 이것이 환자에게 진실을 말할 의무이다. 그리고 이 의무는 일반 윤리에서 말하는 거짓말을 하지 않을 의무 그 이상의 내용을 담고 있다. 그래서 의료 전문직 종사자는 사람들에게 통상적으로 요구되는 최소한의 정도를 넘어서는 윤리성을 요구받는다.

실제로 의료 전문직 종사자는 이러한 도덕적 요구를 당연한 것으로 받아들이고 있다. 의료 전문직은 단지 돈을 벌어 생계를 유지하기 위한 것만이 아니라 그 이상의 무언가를 위한 직업적 활동이라는 것이다. 즉 의료 전문직은 단지 생계를 위해 돈을 벌기 위해 치료하고 진료하는 것이 아니라 환자가 의료 서비스에 해당하는 비용을 지불할 수 없을 때에도 의료 서비스를 중단해서는 안 된다고 믿고 있다. 이런 믿음은 실제로 의대에서 이루어지는 의료윤리 강좌의 핵심 사항이기도 하다.

비용 지불 능력과 무관하게 의료 서비스를 제공해야 한다는 주장은 의료윤리에서 일반적으로 받아들여지고 있는 선행의 의무에 따른 것이다. 그러나 이런 선행에 따른 비용부담이 심각한 경우에도 의료 전문직 종사자가 여전히 선행의 의무에 따라야 하는지에 대해서는 의문이 있다. 어떤 사람은 선행에 따른 위험과 비용이 심각한 수준이거나 선행의 대상이 너무 많아서 결과적으로 그 부담이 감당하기 어려운 경우라면 이것은 선행의 의무에 해당하지 않는다고 말하기도 한다.[1] 반면에 의료 전문직의 이익은 그들이 다른 사람보다 높은 도덕적 규약을 지키며 활동하는 정도만큼 합당하다고 말하는 사람들도 있다.[2] 의료 전문직에 요구되는 높은 윤리적 요구사항이 이들에게 보장된 높은 수익과 보수를 정당하게 만들어 준다는 것이다.

여기서는 의료 전문직에 부여되어 있는 권한과 권위와 이에 따른

윤리적 의무들에 관하여 논의할 것이다. 먼저 의료 전문직의 조건과 윤리적 특성을 살펴보고, 이에 따른 의료 전문직 윤리의 모습을 개괄할 것이다. 그리고 의료 전문직 윤리의 핵심이라고 할 수 있는 선행의 의무에 관하여 살펴 볼 것이다. 선행의 의무의 근원을 밝히고 나서 선행의 의무가 어느 정도까지 부가되어야 하는지를 해명해 볼 것이다.

## 의료 전문직과 환자의 갈등 양상

환자와 의사의 갈등의 근원은 매우 다양하다. 그러나 전문직의 조건과 그 윤리적 특성이 환자와 의사의 갈등을 깊게 하는 가장 핵심적인 요인이다. 왜냐하면 환자와 의사의 갈등이 발생하는 가장 기초적인 원인은 전문직의 특권과 의무에 대한 견해 차이에 근거하기 때문이다.

사람들은 의사들이 자신의 본분을 망각하고 사적인 이익 추구에 지나치게 열중한다고 비판한다. 더 심하게는 의사들이 자신의 소명인 생명 보호마저도 소홀히 하고 있다고 생각하는 사람들도 적지 않다. 실제로 환자들이 진료하는 의사에게 면전에서 불만과 불평을 쏟아내는 경우도 허다하다. 심지어 의사를 불신하는 풍조마저 커져가고 있는 실정이다. 반면에 많은 의사들은 이러한 경향이 왜 생겨나는지 전혀 이해하지도 못하고 납득할 수도 없는 일이라고 생각한다. 오히려 의사들은 사적인 이익과 욕망을 희생해 가면서 환자를 위해서 헌신하고 봉사하고 있다고 말한다. 이것이 사실이라면 의사들은 자신에게 쏟아지는 비판에 대해서 억울할 것이다. 실제로 의사는 우리가 통상 생각하는 것과는 달리 많은 부분 자신들의 역할에 맞는 윤리적 삶을 살기 위해 노력하기 때문이다.

의사에 대한 비판과 비난이 합당하든, 의사가 억울하든, 이러한 비판과 비난이 존재한다는 사실은 의사와 우리들 모두에게 바람직한 것은 아니다. 의료는 사회에서 생존과 관련하여 매우 중요한 요소이며 정의와 관련해서도 매우 중요한 요소이기 때문이다. 따라서 의사와 환자의 갈등은 사회적으로 심각한 문제를 야기할 수 있다. 의사에 대해 불신과 불만이 커지고, 의사는 제대로 평가받지 못한다고 불평하며 피해의식과 자괴감에 빠진다면, 우리 사회는 사회적으로도 윤리적으로도 심각한 혼란과 어려움에 봉착할 것이다. 그리고 이를 해결하기 위해서 엄청난 액수의 사회 비용과 대가를 치러야 한다.

환자의 의사에 대한 불신과 이로 인한 사회적 혼란을 제거하거나 약화시키기 위하여 먼저 살펴보아야 할 것은 의사에 대한 환자의 불신 원인과 의사의 불만 원인을 파악하는 일이다. 그런데 이런 불신과 불만의 원인을 밝히기 위해서는 의사에게 요구되는 윤리의 수준이 통상적인 사람들에게 요구되는 윤리의 수준보다 훨씬 높다는 것을 이해할 필요가 있다. 의사에게 요구되는 높은 윤리 수준이 불신과 불만을 낳게 되는 가장 큰 원인이기 때문이다. 따라서 의사에 대한 불신과 불만을 고찰하여 해소시키기 위해서는 의사에게 높은 수준의 윤리성이 요구되는 근거가 무엇인지도 또한 살펴보아야 한다.

의사에게 높은 윤리 수준이 요구되는 근거로 의료가 가진 전문직의 특성을 제시하는 것은 널리 알려진 것이다. 즉 의료는 전문직이기 때문에 높은 수준의 윤리성이 강제되며, 이것은 통상적으로 인정되고 있는 것이다. 실제로 의료는 생명과 관련된 직무이기 때문에 어떤 다른 직종의 전문직보다 더 높은 수준의 의무가 부가된다는 것에 이의를 제기할 사람은 아마도 거의 없을 것이다. 그리고 의사가 사회 안에서 누리고 있는 명예와 특권은 이들에게 요구되는 높은 수준의 윤리와 밀접한 관련을 맺고 있다. 따라서 의사가 사회 안에서 인정되는 명예와 특권을 당연시한다면 자신들에게 요구되는 높은 수준의 윤리성도 받아들여야 하며, 이를 위해 노력해야 한다.[3]

지금까지 환자와 의사가 생각하는 두 가지 입장을 살펴보았다. 그리고 이 두 입장이 서로에 대해 불신과 불만을 낳고, 이것이 사회적 갈등으로 진행될 수 있다는 것을 암시하였다. 앞의 3장에서도 간략히 살펴보았지만, 환자의 입장을 정리해보면

1) 전문직은 여타의 직업보다 더 높은 수준의 윤리가 요구된다.
1′) 의료 전문직에서 생명과 관련성의 크기는 윤리적 요구의 크기와 비례한다.
2) 의료 전문직은 여타의 전문직보다 생명과 밀접한 관련성을 가지고 있다.
3) 따라서 의료 전문직은 여타의 전문직보다 더 높은 수준의 윤리가 요구된다.

환자들은 의료 전문직이 여느 전문직에 비해서도 가장 높은 윤리성을 가져야 한다고 생각한다. 그러나 환자들은 의사들의 현재 윤리 수준이 의료 전문직에 마땅히 요구되는 윤리적 수준에 훨씬 미달하고 있다

고 생각하는 듯하다. 반면에 의사들은 이들의 생각에 동의하지 않는다. 그리고 이러한 환자들의 생각에서 한 걸음 더 나아가 다음과 같이 생각하는 듯하다.

4) 전문직에 높은 수준의 윤리가 요구되는 것은 그 전문직이 누리는 특권에 근거한다.
5) 의료 전문직에 여타의 전문직보다 더 높은 수준의 윤리가 요구된다(3으로부터).
6) 의료 전문직에 요구되는 높은 수준의 윤리에 상응하는 특권이 보장되어야 한다.
7) 따라서 의료 전문직이 여타의 전문직보다 더 많은 특권을 누려야 한다.

의료 전문직 종사자들은 자신들이 여타의 전문직보다 더 높은 수준의 윤리를 실천하고 있기 때문에 더 많은 특권을 누려야 하지만 현실은 그렇지 않다는 불만을 가지고 있는 듯이 보인다. 환자들은 1)~3)에 관심을 집중함으로써 의료 전문직에 요구되는 윤리적 의무를 다하지 않는다고 비난하거나 불신한다. 이에 반해서 의사들은 4)~7)에서 알 수 있는 자신들의 윤리적 의무에 비례하는 경제적 사회적 특권이 그다지 만족할 만한 수준이 아니라고 불만을 토로하고 있다.

정리하자면, 환자가 토로하는 의료 전문직에 대한 불만과 비난은 의료 전문직이 수행해야 할 높은 수준의 윤리를 강조하고 있는 데서 생겨나며, 반면에 의사들의 불만은 강요받고 있는 높은 수준의 윤리성에 상응하는 특권을 누리지 못하는 데서 생겨난다. 다시 말해, 환자들은 의료 전문직이 자신들에게 요구되는 높은 수준의 윤리를 실천하는 것에는 관심조차 없으면서 자신들의 특권만을 강조하고 있다. 반면에 의료 전문직은 자신들은 특권은커녕 허울뿐인 보잘것없는 권한을 가지고 있을 뿐인데도 가장 높은 수준의 윤리성만 강요받고 있다.[4]

## 의료 전문직과 면허제도

어떤 직종이 전문직이라는 이유로 그 종사자들에게 높은 수준의 윤리성을 요구한다는 것은 합당해 보인다. 그렇다면 어떤 직종이 전문직이기 위한 조건과 특징이 무엇인지를 살펴보는 것이 전문직에 높은 수준의 윤리성이 요구된다는 주장을 이해하는 데 도움이 될 것이다. 현대 사회는 과거와는 달리 세분화되고 복잡해지며, 특성화되고 전문화되는 경향이 뚜렷하다. 이러한 시대적 변화에 따라 전문직 또는 전문가가 생겨났다. 그러나 전문직 영역이 무엇이며 전문가가 정확히 어떤 사람인지에 대한 상세한 설명은 충분하지 않다.

전문직을 정확하고 명료하게 정의하기는 매우 어려워 보인다. 실제로 전문직과 전문가를 명료하게 정의하여 그 직업 종사자들을 세밀하게 분류하는 것은 결코 쉬운 일이 아니다. 그러나 잠정적으로 오랜 기간을 통해 습득한 지식을 가지고 지적인 일에 종사하면서 자신의 전 생애를 이 일에 몰두하고 보수를 받아 생활을 영위하는 사람이 전문가이며, 그러한 사람을 요청하는 업종을 전문직이라고 말해 볼 수 있을 것이다.

어쨌든 전문직에는 전통적으로 명예와 존경이 뒤따른다. 그러나 전문직으로서 더 나은 활동을 보장하기 위하여 전문직으로서의 특권, 즉 단체 구성권과 자율성 보장의 특권을 갖는다. 전문직 종사자들이 보다 나은 활동을 하도록 하기 위해서는 전문직의 핵심 특징인 전문직의 단체 구성권과 자율성이 보장되어야 한다. 왜냐하면 적어도 전문직의 단체 구성권과 자율성이 보장되지 않으면 사회적으로 중요한 서비스로 간주되고 있는 전문직이 원활하게 활동할 수 없기 때문이다. 단체 구성권과 자율성은 전문직 구성원의 보다 나은 활동을 보장하는 기본 조건인 셈이다.

물론 이런 특권은 또한 전문직 종사자에 대한 제약의 근거가 되기도 한다. 전문직은 자신들이 만든 자율적인 전문직 단체를 통하여 일정한 자격을 갖춘 사람에게 면허를 발급하고, 면허를 취득한 사람만 그 업종에 종사할 수 있게 강제한다. 전문직 단체는 독자적이고 자체적으로 자율성을 가지고서 구성원으로의 가입을 통제하고 구성원을 징계하게 된다. 또한 구성원들이 정부나 압력기관으로부터 간섭받지 않고 독자적으로 활동할 수 있게 하기 위해 기준을 만들어 공표할 수 있다. 전문직이 자율성을 갖는다는 것은 전문직 구성원이 자율적으로 활동을 한다는 것을 의미할 뿐만 아니라, 전문직 단체의 활동도 간섭을 받지 않고 자율적으로 활동한다는 것을 의미한다.

전문직은 면허제를 통해 구성원으로의 가입을 통제한다. 이 면허제를 전문직이 자율적으로 운영하는 것은 전문직의 가장 기초적 요건이며, 핵심적 특권이다. 전문직은 자신들의 활동에 긍지를 가지고 유능하고 뛰어난 능력을 유지하려고 한다. 이것은 한편으로 윤리적 요구사항이기도 하다. 따라서 전문직의 구성원이 되기 위해서는 그 직종에 대한 유능한 능력을 갖추어야 하고 이를 위해서 면허제를 도입하여 구성원의 자격을 통제하고 능력을 향상시키고자 한다. 이에 따라 그 면허를 가진 사람만이 그 전문 업종에서 활동할 수 있다. 면허의 권리는 면허 없는 사람에 대한 배타적 권리이다.

전문직의 이런 배타적 권리는 이에 상응하는 의무를 발생시킨다. 사람들은 전문직의 서비스가 신뢰할 만한 것이기를 바란다. 특히 의료 전문직은 건강 또는 생명과 직접적으로 관련되어 있기 때문에 여타의 전문직보다 더 신뢰할 수 있는 의료 서비스가 원활하게 제공되기를 바랄 것이다. 그런 이유에서 의사는 모두 유능해야 하며 더 높은 윤리성을 가지고 실천할 것을 요구받는다.

앞에서 말했듯이 전문직에 부여되는 특권은 전문직 구성원들에게 다른 사람에게 요구되는 것보다 더 높은 행위 기준을 요구하는 근거가 된다. 전문직 구성원은 자신들이 누리는 특권에 대한 보상으로 공적인 선에 이바지할 것을 요구받고, 높은 수준의 도덕을 요구받는다. 따라서 전문직 구성원의 잘못에 대해서는 강도 높은 비난과 비판이 제기될 수밖에 없다. 그러나 문제는 과연 요구되는 의무만큼 특권이 주어져 있느냐이다.

참고로, 최초의 면허는 가톨릭 성직자에게 부여되었다고 한다. 어느 곳에서든 미사와 예배를 집전할 수 있는 능력이 있음을 증명하는 자격증 형태의 면허였다. 성직자를 자처하는 사기꾼들을 걸러내기 위한 장치로 도입되었다고 한다. 이러한 양상은 현대의 면허 제도의 취지와도 잘 부합한다고 할 수 있다. 돌팔이 의사나 사이비 의사가 성행하지 못하게 막는 것이 건강한 신체와 삶을 보장하기 위한 유일한 방법이기 때문이다.


## 의료 전문직 윤리와 훌륭한 의료인

　　의사가 우수한 진료 능력을 갖추어야 하는 것은 당연하다. 의사의 활동은 환자의 생명과 관련 있으며, 이 생명을 안전하게 보장받기 위해서는 의사의 우수한 진료 능력이 필수적이기 때문이다. 따라서 의사는 단순히 직업을 가졌다는 의미를 넘어서며, 또한 단순히 전문적이라는 의미를 넘어서 다른 전문직이 가지는 의미 그 이상의 특별함을 갖는다. 즉 의사의 활동에는 전문직업인으로서 단순한 직업적 활동 이상의 어떤 것이 포함되어 있다. 의사는 필연적으로는 아닐지라도 대체로 의료 전문직을 평생의 업으로서 의료 활동에 종사하며 보람을 느낀다. 또한 의사는 어느 정도 자신의 삶을 희생하여 의료 행위에 헌신한다. 그리고 의사는 헌신적인 의료 활동을 통해 자신의 정체성을 드러낸다.[5]

　　의사는 자신의 전문 지식을 활용하여 의료 활동을 하는 것으로 자신의 정체성을 확보한다. 의사의 정체성은 훌륭한 의료인이다. 훌륭한 의료인이 되기 위해서는 우선 전문 지식을 가진, 기능적으로 유능한 사람이어야 하며, 여기에서 빠질 수 없는 조건이 높은 윤리성 충족이다. 훌륭한 의료인이 된다는 것은 전문적 지식을 가진 기능적으로 유능한 사람으로 끝나는 것이 아니라 높은 윤리성을 충족시키는 사람이 된다는 것이다. 즉 훌륭한 의료인은 전문 지식과 높은 윤리성 모두를 필수적으로 만족시켜야 한다.

그러나 윤리적 요건의 충족에는 단순히 결과적으로 그에 합당한 행위를 한다는 것 이외에도 의료에서 요구하는 유덕한 성품이 필수적이다. 윤리적으로 훌륭하다는 것은 단지 행위뿐만 아니라 성품에서도 훌륭함을 의미한다. 이러한 성품에는 '정직', '공감', '재치', '숙련', '점잖음', '절제', '신뢰', '충실함' 등이 포함될 것이다.[6] 이러한 유덕한 성품 중에서도 '충실함'은 의료 전문직에서 더욱 강력하게 요청되는 성품이다. 예를 들면, 충실함의 성품을 가진 의사는 만성 질환자나 말기 환자의 치료를 함부로 포기하지 않을 것이다. 그리고 충실함의 성품을 지닌 의사가 환자를 더 잘 보호할 것이며, 환자는 이런 의사에게 신뢰를 가질 것이다. 이런 신뢰는 환자에게 위안을 주며 치료의 효과를 높이게 된다.

앞의 3장에서 말했듯이, '훌륭한 의사'라는 표현에서 '훌륭한'은 여러 의미로 사용될 수 있다. 우리말 훌륭한 의료인에서 '훌륭한'은 영어로 'good'이라는 어휘에 해당한다. 그리고 이 'good'은 여러 의미를 가지고 있다.[7] 훌륭한 의사는 유능한 의사를 의미하는 경우로 사용할 수도 있으며, 도덕적으로 올바른 활동을 하는 의사를 의미할 수도 있다. 그리고 환자와 감정적인 교류를 잘하는 의사를 의미하기도 한다. 그렇다면 훌륭한 의사는 기능적으로도 유능하고, 도덕적으로도 탁월하며, 환자와 감정적 교류에 있어서도 훌륭한 의사를 의미하는가? 즉 훌륭한 의사는 인간 삶의 모든 영역에서 훌륭함을 보여야 하는가? 이에 대한 해명은 결코 쉬운 일이 아니다.

전문직에 높은 윤리성이 요구된다고 할지라도, 전문직 종사자들의 활동에는 보수가 뒤따른다. 그리고 더 높은 윤리성을 요구받는 의료 전문직의 경우에도 보수를 받고 활동한다는 점에서는 결코 예외일 수 없다. 그런데 어떤 사람들은 의사의 의료 활동은 사적인 이익에 대한 고려 없이 이루어져야 한다고 주장한다. 의사의 직업적 활동은 보수 없이도 잘 작동해야 한다는 것이다.[8] 그러나 의사의 의료 활동은 사적인 이익에 대한 고려 없이 이루어져야 한다는 주장은 의사는 보수 없더라도 치료를 중단없이 이어가야 한다는 주장의 근거로는 사용될 수 없다.

의사의 의료 활동은 사적인 이익에 대한 고려 없이 이루어져야 한다는 주장은 의사가 더 많은 이익을 위해 불필요한, 즉 과잉진료를 하거나 생명 유지에 반드시 필요한 치료를 경제적인 이유만으로 중단해서는 안 된다는 주장에 불과하다. 따라서 의사가 보수 없이도 환자를 충실히 치료해야 한다는 주장은 단지 과잉진료를 하지 말라는 경고에 불과하다. 따라서 의사의 의료 활동은 사적인 이익에 대한 고려 없이 이루어져야 한다는 주장은 의사가 의료 활동을 통해 이익을 누려서는 안 된다는 것으로 해석되어서는 안 된다. 의사가 정당한 금전적 혜택을 받고 있다는 사실이 의사의 훌륭함 또는 좋음을 판단하는 데 직접적인 영향을 미치는 것은 아니다. 즉 보수가 많고 적음은 의사의 훌륭함을 결정할 때 근거가 되는 것은 아니다.[9]

의사의 직분을 소명이나 천직이라고 말하면서 의사의 의무와 책임을 높은 수준으로 요구하고, 정당한 보수마저도 배제하려는 경향을 갖는 사람들이 있다. 그러나 의사의 직업을 소명이나 천직이라고 말하는 것은 아주 오래된 이념, 즉 고대사회에 형성된 낡은 이념의 산물이며, 따라서 현대 사회에는 부합하지 않는 이미 낡은 주장이라 할 수 있다. 이런 낡은 이념에 의거해서 의료 전문직의 윤리를 결정하려는 태도는 현대에는 잘 어울리지 않는다. 소명과 천직이라는 어휘는 막연히 성직자를 연상시킨다. 선행의 의무는 성직자의 개념을 의사에게 부가함으로써 강화된다. 선행의 의무는 이러한 개념들에 둘러싸여서 그 근거나 범위 그리고 한계에 대해서 거의 논의된 적이 없다. 선행의 의무의 근거와 범위 그리고 한계에 대해 논의함으로써 의료 전문직의 윤리성과 관련된 문제가 제대로 해명된다고 할 수 있다.

## 선행의 의무 그리고 그 범위와 한계

우리는 흔히 자신의 이익을 추구하는 것과 선행beneficence을 행하는 것 사이에서 갈등한다. 그리고 많은 경우에 선행보다는 자신의 이익이나 편리함을 택하게 된다. 그런데 자신의 이익이나 편리함을 택하는 경우에는 윤리적 자책감을 갖기도 한다. 이것은 우리가 선행을 도덕적 의무라고 생각하기 때문일 것이다.[10] 이러한 경향은 몇몇 전문직의 직업윤리 영역과 의료윤리 영역에서 현저하다. 그렇지만 선행을 의무로 여겨서는 안 된다는 주장도 있다.

선행은 반드시 행해야 하는, 그래서 행하지 않았을 때 비난받는 의무가 아니다. 선행은 의무와 달리 반드시 행할 필요는 없어서 오히려 행했을 때 칭찬받고, 행하지 않더라도 비난받지 않는 덕목에 속하는 활동이다. 그래서 내가 누군가에게 선행을 행하더라도 나의 선행의 이익을 누리는 자는 그에 대한 권리를 가지는 것이 아니다. 말하자면 나의 선행은 어떤 의무가 아니라 단지 나의 배려일 수 있다.[11] 예를 들면 거지에게 자선을 베푸는 것과 같은 행동 등이 이에 속한다. 이런 행동을 '의무 이상의 행위supererogatory act'라고 한다.

선행을 의무라고 주장하는 견해와 선행이 의무가 아니라고 주장하는 견해의 차이는 의무 개념의 차이에 기인하는 것처럼 보인다. 윌리엄 프랑케나William Frankena는 '의무'와 '해야만 한다'라는 용어가 서로 대체되어 사용될 수 있다는 것을 인정하면서도 구분될 수 있는 용어라고 말한다. 말하자면 '해야만 한다'는 표현은 '의무'라는 표현보다 넓은 의미라고 말한다. 즉 엄밀한 의미에서 의무나 책임으로 간주되지 않는 것, 또는 다른 사람이 그에 대한 권리를 가지고 있다고 생각되지 않는 것을 포괄하는 표현이라는 것이다.[12] 선행을 의무라고 주장하는 사람들은 '의무'와 '해야만 한다'라는 용어가 서로 대체되어 사용될 수 있다는 것을 강조하고 있으며, 선행이 의무가 아니라고 주장하는 사람들은 '해야만 한다'는 표현은 '의무'라는 표현보다 넓은 의미이기 때문에 엄밀한 의미에서 의무가 될 수 없다고 주장하는 것이다.

어쨌든, 선행이 의료 전문직의 윤리적 요구사항이라는 것은 분명해 보인다. 왜냐하면 선행의 범위와 한도를 정한다는 것은 이미 선행이 의무의 요구를 넘어서는 것만은 아니라는 것을 함축하고 있기 때문이다. 의료 전문직에서 선행의 의무가 일반적으로 받아들여지고 있으며, 가장 폭넓고 광범위하게 인정되고 있는 듯이 보인다. 그럼에도 불구하고 이를 정당화하기 위한 시도는 아직 구체적으로 이루어지지 않았다. 따라서 선행이 의무라고 주장되는 근거가 무엇이며, 의무로서 선행의 범위와 한도를 논의할 필요가 있다.

## 의무로서 선행과 이에 대한 비판

선행의 의무의 근거가 무엇인지에 따라서 선행의 의무의 종류가 달라질 것이기 때문에, 의무로서의 선행의 범위와 한도를 고찰하기에 앞서서 선행을 의무라고 말할 때 선행이 의무가 되는 근거가 무엇인지를 먼저 살펴보면서 비판해 볼 것이다. 선행이 의무라고 주장하면서 제시할 수 있는 근거에 대해 두 가지 주장이 있다.

첫째, 버나드 윌리엄스Bernard Williams에 의하면 의사는 환자에게 선행을 베풀 의무가 있다. 즉 의사는 정당한 보상 없이도 도움이 필요한 환자에게 의료를 제공해야 할 의무가 있다. 의료는 개인이 어떤 재화를 필요로 한다는 사실이 이런 종류의 재화를 제공받을 수 있는 충분하고도 필요한 조건이 되는 영역이다. 치료가 필요한 사람이 그 필요라는 것 이외의 어떤 다른 조건에 의해 치료받을 수 없거나, 치료를 제공해야 할 사람이 치료를 제공하지 않는 것은 부조리하다. 따라서 건강하지 못함이 의료를 제공하기 위한 충분조건이 되지 못하고 돈의 소유라는 조건을 만족시켜야 할 때, 그 상황은 비도덕적이고 올바르지 못하다. 이러한 입장에 의하면 환자의 필요에 의해 의사는 선행의 의무를 갖는다.[13]

이 주장을 통하여 윌리엄스는 어떤 특정한 재화에 대한 요구와 만족이 그 사람의 복지에 본질적이라는 것을 주장하고자 하는 듯이 보인다. 그러나 그 특정 재화가 부족한 경우, 그 특정 재화가 제공되어야 하는 근거가 그 재화가 대한 '필요'라는 윌리엄스의 주장은 설득력이 약해진다. 의료 재화가 필요한 모든 사람에게 제공할 수 있을 만큼 의료 재화가 충분하지 않다면, '필요'에 따라 분배하는 것은 불가능하다. 그렇다면 '필요'가 아닌 어떤 다른 기준을 찾을 필요가 있다.

선행의 의무가 필요에 의해 생겨난다는 주장에는 또 다른 측면이 있다. 그것은 착한 사마리아인의 문제이다. 그러나 의사에게 '착한 사마리아'인이 되어야 할 의무가 있는 것은 아니라고 말하는 이유는 이런 의무가 너무도 실천하기 어렵기 때문이다. 이런 의무는 그 의무 실행자에게 너무도 엄청난 희생을 요구하게 될 것이다.[14] 그렇다면 필요는 선행의 의무를, 적어도 의사에게 선행으로서의 의료제공 의무를 부여하기에 만족스러운 개념이라고 말할 수는 없을 것이다.

둘째, 선행의 의무가 호혜성에 근거하고 있다고 주장하는 사람들이 있다. 이들의 주장에 의하면, 선행의 의무는 사회적인 상호작용에 의해 생겨난 것이다. 우리는 사회로부터 혜택을 받았기 때문에, 사회의 이익을 향상시켜야 한다. 말하자면, 사람들은 이미 받은 이익 때문에 타인에 대한 선행의 의무를 가진다는 것이다.[15]

이런 주장은 의학 연구에 참여하는 것과 관련하여 흔히 발견할 수 있다. 우리는 다른 사람의 노력과 헌신으로 이룩한 의학적 발견의 이익을 누리고 있기 때문에, 연구의 대상으로 참여해야 할 책임 또한 있다는 것이다. 이런 주장은 어린이와 태아를 연구에 이용할 수 있게 하는 근거로 사용될 만큼 매우 강력한 것이기도 하다. 리처드 맥코믹Richard McCormick은 이런 주장에 동조하여 어린이와 태아는 앞선 연구의 결과로 수많은 이익을 받았기 때문에 이들이 충분한 정보에 의거한 동의를 할 수 있는 능력이 없지만, 그들을 연구의 대상으로 이용하는 것을 받아들여야 한다고 주장하고 있다.

또한 의사와 환자의 관계에 있어서 의사에게 선행의 의무가 있다는 주장은 의료윤리 강령에 의해 당연한 것으로 받아들여지고 있다. 의료윤리 강령들이 함축하고 있듯이, 의사는 여러 가지 특권을 누리고 있기 때문에 선행의 의무가 있다는 것이다.[16] 의약품 개발과 의술 개발에 환자가 이용되고 있기 때문에, 이런 주장은 설득력이 있는 듯이 보인다.

그러나 선행의 의무가 호혜성에 근거한다는 주장에 대한 반론이 있을 수 있다. 선행이란 자발적으로 이루어지는 것이다. 그리고 자발적으로 이루어진 선행에 대해 상대방의 처신은 감사하는 것이다. 물론 선행에 대해 선행으로 보답하는 것이 매우 좋은 것이기는 하다. 그러나 선행을 선행으로 갚아야 할 의무가 있는 것은 아니다. 앞서서 누군가가 자발적으로 희생하는 선행을 했고, 현재 우리가 이런 선행의 이익을 누리고 있다고 해서 이에 보답할 의무가 요구된다고 말할 수는 없다. 설령 앞서 희생으로 선행을 베푼 사람에 대해 보답할 의무가 있다고 하더라도, 그 보답은 앞서 희생한 사람에게 해야 하는 것이다. 그러나 의학연구에 참여하여 선행을 베푸는 것은 미래 세대에 선행을 하는 것이지 앞서서 희생한 사람에게 보답하는 것이 아니다.

호혜성에 근거한 선행의 의무 주장은 의사와 환자의 관계에 있어서의 선행의 의무를 주장하는 근거로는 적당하지 않다. 왜냐하면 선행이 호혜적이라는 근거에서 의사의 의무에 속한다고 주장하기 위해서는 의사가 직접 환자에게 빚을 지고 있어야만 한다. 그러나 의사가 치료와 관련해서 환자에 빚을 지고 있는 경우는 거의 없다. 설령 의사가 환자에게 빚을 지고 있더라도 그 빚은 현재나 미래의 환자가 아니라 의학발전에 도움을 준 과거의 환자이다. 더구나 환자의 자발적 참여에 의한 선행이라면, 그 선행에 감사하면 되는 것이지 그 선행에 보답해야 할 의무를 지는 것은 더더욱 아니다.[17]

셋째, 의료의 영역에서 선행이 의무라는 주장의 또 다른 근거로 의사와 환자의 관계에서 맺은 명시적 또는 암시적으로 이루어진 특별한 계약이나 약속이 제시되고 있다.[18] 의료의 선행 의무의 근거로 제시되는 계약이나 약속의 문제를 고려하기 위해서는 계약이나 약속을 두 가지 측면으로 구별해 볼 필요가 있다. 즉 선행의 의무가 의사와 환자의 관계를 확립하면서 형성된 계약이나 약속에서 도출되는지, 아니면 모든 개인 간에 존재하는 것으로 추정할 수 있는 일반적인 사회계약에서 도출되는지를 먼저 설명할 필요가 있다.

이러한 설명은 매우 어렵기 때문에 개략적인 방향만을 제시할 수밖에 없다. 의사가 일반인에게는 요청되지 않는 정도를 넘어서는 도움을 환자에게 주어야 한다면, 즉 의사가 일반인에게는 요청되지 않는 특정한 선행을 해야 한다고 생각한다면, 의사는 그들의 특별한 역할과 그 결과 때문에 선행의 의무를 가지게 될 것이다. 의료의 영역에서 선행이 의사의 의무로 요구된다면, 그것은 인간으로서 일반적이고 통상적인 관계에서 선행의 의무가 도출되는 것이 아니다.

그렇다면 선행이 의료에서 의무로 간주된다면, 의료 영역에서 선행이 의사의 의무라는 주장의 근거는 호혜성도 환자의 필요도 아니라고 말할 수 있다. 즉 호혜성도 환자의 필요도 의사의 선행의 의무를 위한 적절한 근거가 되지 못한다. 의사의 선행의 의무는 의사와 환자 간의 명시적인 동의에 의한 것으로 간주되는 것이 가장 좋을 듯하다. 왜냐하면 이런 견해가 의사와 환자의 관계에 대한 모델 중 오늘날 널리 승인되고 있는 계약적 관점[19]과 가장 잘 어울리는 것이기 때문이다.

## 선행 의무의 범위와 제한

선행이 의무라는 주장을 승인한다할지라도, 선행의 의무에는 그 한

계나 한도가 설정되어야만 할 듯하다. 선행의 의무의 범위에 제한을 두어야 한다는 주장은 매우 합당해 보인다. 왜냐하면 선행은 매우 포괄적이고, 의무는 항시성, 즉 언제나 행해야만 하는 특성이 있기 때문에 선행의 의무에 제약이 없다면 일상적인 생활조차 불가능해질 수 있기 때문이다. 물론 선행의 의무를 실천하는 것이 도덕적으로 더 중요한 어떤 것을 확실하게 희생시키지 않는다면, 개별자들이 선하게 행동해야 할 의무가 있다고 주장할 수 있다.

더 큰 피해를 야기하지 않고서도 나쁜 것을 방지할 수 있다면 나쁜 것을 방지하는 것은 의무에 해당한다는 주장이 있다. 이런 입장에 의한다면, 의사에게 선행의 의무는 매우 폭넓게 적용되어야 한다. 행위자의 희생과 방지할 수 있는 피해의 정도를 따졌을 때 방지할 수 있는 피해가 더 크다면 그 피해를 줄이기 위해서 도와줄 의무가 있다. 따라서 의사가 지게 될 부담과 희생이, 이로 인해 완화시키게 될 피해의 정도와 비교하여 크지 않다면, 즉 의사의 희생과 이로부터 얻을 이익을 비교하여 얻을 이익이 크다면, 의사는 환자에게 도움을 주어야 할 의무가 있다.[20]

반면에 마이클 슬롯Michael Slote은 이렇게 넓게 선행의 의무를 요구하는 것은 지나치다고 생각한다. 슬롯은 자기 삶의 계획이 심각하게 방해받지 않고서, 그리고 도덕적으로 그른 일을 하지 않고서도 피해를 방지할 수 있을 경우에만 그 피해를 방지할 의무가 있다고 말한다.[21] 따라서 타인을 돕는 것이 자신의 삶을 망가뜨린다면, 타인의 피해를 방지하지 않는 것, 즉 타인을 돕지 않는 것은 도덕적으로 정당하다. 방지할 수 있는 피해가 그로 인해 생겨날 수 있는 희생보다 매우 중요한 것, 예를 들면 타인의 생명보다 자신의 생명을 먼저 고려하는 것은 도덕적으로 정당할 수 있다.

타인의 생명보다 자기의 생명을 우선하는 것이 정당하다는 생각을 의료 영역에 적용해 본다면, 의사가 환자에게 도움을 주기 위해서 자기 삶이 심각하게 손상 받는 경우 환자에 도움을 주기보다 자신의 삶을 보살피는 것은 가능하다. 물론 자기 삶이 심각하게 손상 받지 않는다면 도움을 주어야 할 것이다. 그러나 어떤 상황에서 개별자를 돕는 것이 특정한 방식으로는 자신의 삶을 망치지 않을지라도, 필요할 때마다 항상 도움을 주는 것은 자신의 삶을 망칠 수 있다. 사소할지라도 빈번한 도움은 결국 큰 희생을 요구할 것이기 때문이다.

선행이 의무가 된다면, 가벼운 선행일지라도 그 행위를 수없이 반복해야 하는 경우, 그 결과는 엄청나서 한 개인이 감당할 수 없게 된다. "개인이 갖는 의무의 윤리가 대규모의 사회적 문제에 봉착하게 되면, 이러한 특정의 선행 의무도 그 의미가 상실될 수 있다. 왜냐하면 큰 희생 없이 타인의 생명을 구해야 할 의무가 있다할지라도, 이 원리는 한 개인에게 엄청난 부담을 가져다 줄 수 있다. 예를 들면 큰 희생 없이 어떤 사람이 기아로 죽어가는 사람의 생명을 구할 수 있다고 하자. 그런데 기아로 죽어가는 사람이 수만 명이라면, 이 사람의 부담은 엄청나서 감당하기 어렵게 될 것이다."[22] 이러한 생각은 비첨과 칠드레스에 의해 다음과 같이 표현되어 있다.[23]

1. 을은 생명, 건강 또는 다른 중요한 이해관계에서 중요한 손실이나 상해를 입을 위험에 놓여 있다.
2. 이런 손실이나 상해를 막기 위해서 갑의 행동이 요구된다.

3. 갑의 행동은 손실이나 상해를 막을 수 있는 가능성이 매우 크다.

4. 갑의 행동이 갑 자신에게 심각한 위험을 가져다주지 않으며, 비용 등의 부담을 크게 지우지 않아야 한다.

5. 을에게 기대되는 이익이 갑이 입게 될 손실이나 상해의 부담을 능가한다.

선행이 의무가 되더라도 그 행위는 행위자에 대한 위험이 크지 않아야 한다. 즉 손상이나 손해의 정도가 심각한 것이 아니어야 한다. 물론 위험과 손상이 어느 정도이어야 하는지를 정확히 말하기는 어렵다. 실제로 비첨과 칠드레스도 의사는 행위자의 위험에 비해 단순히 방지해야 할 타인의 피해가 크기 때문에 도움을 주어야 할 의무가 있다고 주장하지는 않는다. 이런 견해에 따르면, 방지해야 할 피해와 희생의 격차가 클 때조차도, 행위자의 위험이 실제로 최소한이고 환자에 대한 위험이 상당한 수준이 아니라면 의사가 선행을 해야 할 의무는 없을 것이다. 물론 환자의 자율적 결정이 의사의 선행 의무를 제한할 수 있다. 도움이 필요한 사람이 도움을 받고자 원치 않는다면, 이것은 도움을 주어야 하는 의무를 실제로 무효화할 수 있기 때문이다.

어떤 사람들은 선행의 의무는 환자의 권리에 기초되어 있거나 거기에서 파생된다고 주장한다. 이런 입장에 의하면 환자의 권리가 일차적이고, 의사의 권리는 환자의 권리에 이차적이거나 환자의 권리에서 도출된다. 선행의 의무를 이런 방식으로 이해하는 사람은 일반적으로 환자의 자율성을 그런 선행 의무에 대한 실질적 한계로 여긴다. 이와 다른 사람들은 선하게 행동해야 할 의사의 의무가 일차적이라고 주장한다. 이런 의무 때문에 환자가 치료를 받을 권리를 갖는다. 이런 견해에서 환자의 자율성은 의사에게 의무를 실행하지 못하게 하는 실천적 제한사항이 된다. 결국 의사의 의무는 환자의 자율적 결정에 의해 면책될 수 있다.

선행의 의무에 관한 공리주의식 해석도 있다. 이들은 선행의 의무가 의사의 일차적인 의무에서 도출되는 것도, 환자의 일차적 권리에서 도출되는 것도 아니라고 주장한다. 선행의 의무가 있다고 주장하는 것은 선행의 의무가 최고의 결과를 산출하기 때문이다. 이것은 본질적으로 공리주의자들의 주장이다. 의사는 선행을 하도록 요구받는다. 왜냐하면 그렇게 하는 것이 최대의 결과를 증진하고 의료 재화를 분배하는 최고의 방법이기 때문이다. 대부분의 상황에서 선행의 의무에 대한 특별한 이론적 설명은 중요하지 않을 수 있는 반면에, 이런 설명은 상충하는 상황에서는 중요하게 된다. 예를 들면, 특정 상황에서 환자의 자율적 결정을 존중하는 것이 환자에 이익이 되지 않는다면, 그리고 선하게 행동하는 것이 일차적으로 의사의 의무이어야 한다면, 의사의 의무와 환자의 자기결정의 권리가 상충하게 될 것이다. 마찬가지로, 선하게 행동함으로써 야기되는 최고의 결과 산출과 온정적 간섭주의로 대우받고 싶어 하지 않은 환자의 권리도 상충할 수 있다.

의료 전문직과 환자의 갈등과 불만은 의료 전문직의 특성에 따른 선행의 의무에 의해 생겨나며 심화된다. 그리고 선행의 의무가 의료 전문직의 필수적인 의무가 아닐 수 있으며, 설령 의무로 설정되더라도 선행의 의무에는 제한과 한계가 설정되어야 하다. 선행과 의료를 관련시키면서 대부분 염두에 두었던 것은 선행의 의무와 관련한 의사와 환자의 관계였다. 그러나 의료에서 선행의 의무를 완벽하게 논의하려면 다른 의사들 간의 관계, 사회와 의사의 관계, 사회와 개별적 환자의 관계, 개별적 환자와 다른 환자와의 관계, 사회와 미래 세대와의 관계를 고려해야만 한다.

그리고 개별적 환자에 대한 의사의 행동에 있어서 선행이 어떤 역할을 수행해야 하는지를 고려해야 할 뿐만 아니라, 선행이 의사에 대한 환자의 행동에서 어떤 역할을 수행해야 하는지도 고려해야만 한다. 불행하게도 의사와 환자의 관계에서 이런 탐구를 진행하는 것은 매우 어려운 작업이다. 아쉽게도 이에 대한 탐구는 여기에서도 충분히 이루어지지 않았다. 이러한 다방면의 연구가 진행되어야 의료 전문직 윤리와 선행의 의무의 관계의 진면목을 드러낼 것으로 보인다.

# 제5장

# 보라매병원 사건과 선행 의무, 그리고 환자의 자율성

우리 사회는 짧은 시간 동안 많은 변화를 겪었다. 이런 변화는 경제, 사회, 문화, 제도 등 어느 곳 하나 예외가 없을 만큼 광범위하게 이루어졌으며, 변화의 정도 역시 매우 강력했다. 그동안 성역으로 간주되어 존중되던 교육과 의료의 영역에까지, 예를 들면 선생님과 제자, 의사와 환자의 관계에까지 변화의 소용돌이가 몰아쳐 예기치 못한 곳으로 끌려가고 있다.

학생이 선생님을 경찰에 고발하고, 졸업생이 선생님을 해치는 사건을 신문 기사에서 접하고 크게 놀랄 수밖에 없었다. 이런 사태에 온 국민은 경악을 금치 못했다. 우리는 한번 맺은 스승과 제자의 인연을 소중한 것으로 여겼으며, 선생님에 대한 존경과 감사를 당연한 것으로 여기는 전통이 있었다. 이 기사를 접한 사람들은 이 지경에까지 이른 우리 사회를 한탄하였으며, 방송 매체와 언론은 비난과 질타로 넘쳐났다.

그러나 이런 상황에 이른 우리 사회의 변화 원인에 대해서 말하는 곳은 거의 없었다.

과연 이 사건이 몇몇 학생이 저지른 고약한 짓에 불과한 것일까? 그래서 고약한 학생들의 단순한 일탈로 치부하고서 학생들의 심성교육 및 인성교육을 약간 강조하고, 그렇게 교육하면 단번에 해소될 수 있는 일일까? 전혀 그렇지 않을 것이다. 이런 상황은 이미 예견된 것이었으며, 거스를 수 없는 대세였다. 선생님을 고발하거나 해치는 학생의 행위는 사회 변화의 고약한 물결이 교육의 영역에까지 밀려왔다는 신호탄이다. 이 신호탄을 계기로 이미 변화된 우리 사회 안에 내재해 있는, 그리고 거스를 수 없는 요인들에 의해 이런 변화의 요구가 밀려들었다.[1]

교육의 영역에서와 마찬가지로, (성격에 있어서는 조금 다르지만) 의료 영역에서도 거센 변화의 조짐이 보이기 시작하였다. 의사의 권위를 존중해왔던 환자들과 그 가족들은 자신들의 권리를 내세워 의사의 견해와 태도에 정면으로 도전하는 일이 빈번해졌다. 의사들은 조금씩 위축되어 갔고, 환자들의 요구에 끌려 다니는 상황이 벌어졌다. 그러나 여전히 의사들의 윤리 이념은 온정적 간섭주의에서 벗어나지 못하였고, 변화를 요구하는 사회에 부합하는 윤리 이념을 찾지 못하고 방치되어 있었다. 그러다 결국엔 보라매병원 사건[2]으로 터져 나오게 되었다.

## 의료계의 관행과 이념의 불일치와 그 변화

사회적 변화의 바람이 닥쳐오고 있음에도 불구하고, 의료계는 여전히 **대외적으로는** 온정적 간섭주의를 표방하였다. 아마도 온정적 간섭주의가 자신들의 사회적 위상을 높여 준다고 생각했을지도 모른다. 그래서 진지한 검토없이 온정적 간섭주의를 단순히 받아들였다. 온정적 간섭주의는 겉으로는 멋져 보이는 명구들로 이루어진, 한껏 뽐내기 좋은 이념이기 때문이다.

그러나 의료계는 내적으로 또는 관행적으로는 현실적 변화의 바람에 어쩔 수 없이 환자의 의사를 존중하는 계약론적 견해[3]를 암암리에 받아들이고 있었다. 그렇다고 의료계가 이 두 윤리 이념 중 어떤 한 이념을 분명하게 선택한 것도 아니다. 결국 의사들이 의료 전문직의 이념적 태도를 분명히 밝히지 않음으로써, 사회적으로는 의사들이 여전히 온정적 간섭주의를 따르는 것으로 비쳤으며, 이에 따른 의무와 역할이 당연시 되고 있었다. 그래서 의료계가 천명하는 이념과 실질적인 관행에 불일치가 방치된 채 지속되었다. 그러나 이런 불일치는 언젠가는 폭발하고 말 휴화산이었다.

이념과 현실의 불일치를 인지하지 못한 채 방관해 오다, 결국 보라매병원 사건이라는 사태를 스스로 초래하고 말았다. 그동안 의사와 환자의 관계는 히포크라테스 선서로 대표되는 온정적 간섭주의 영향으로 인해 거의 신성한 관계로 여겨져 왔다. 좀더 자세히 말하자면, 신성한 관계를 맺어야 한다고 강요받아 왔다. 그러나 이 사건을 계기로 의료계에 많은 변화가 있었다. 이 사건이 가져올 수 있는 여러 측면의 변화가 있겠지만, 가장 주목할 만한 것은 의사와 환자의 관계에 대한 변화이다.

현대 사회의 변화는 산업화에 따른 부산물들이 결합한 총체적 산물이다. 총체적 산물로서 현대 사회의 변화의 주된 특징은 개인주의의 성장이다. 개인주의가 만연해 있는 상황에서 전통적 가치에 기대어 스승과 제자, 의사와 환자의 관계를 고집하는 경우, 곤란한 지경에 이를 수 있을 것이며, 점차로 다양한 어려움을 가진 문제점들이 증가하게 될 것이다. 보라매병원 사건이 의료의 영역 변화의 신호탄이지만, 우리의 의료계는 이 신호탄에 크게 주목하지 못한 채 표류하고 있다.

이런 환경에서 의사가 취할 수 있는 태도는 두 가지이다. 하나는 가장 간단하고 단순한 방법으로, 환자의 모든 자율적 결정을 무시해 버리는 것이다.[4] 즉, 환자가 자율적으로 판단한 모든 결정을 거부하고 오로지 의사로서 자신이 판단한 바에 따르는 것이다. 이런 방법을 택한다면 우선 당장은 문제가 없고 손쉬울 수 있지만, 장기적으로는 상당한 문제를 야기할 수 있다. 이 방법은 윤리적으로는 온정적 간섭주의를 따르는 것이다. 따라서 온정적 간섭주의에 의거한 의무와 책임을 모두 떠맡아야 한다. 또 한편, 환자의 요구에 부합하라는 법적, 사회적인 의무와 책임도 함께 강요될 것이다. 결국 의사는 이중의 의무와 책임, 즉 온정적 간섭주의와 계약적 견해의 의무와 책임 모두를 떠안게 되는 최악의 사태에 직면할 수 있다.

또한 스승과 제자, 의사와 환자의 관계처럼 존엄하고 엄숙한 내용을 담고 있는 영역은 그 내용의 근거가 분명하지 않다는 문제점을 가지고 있다. 그런데 스승과 제자, 의사와 환자가 존엄하고 엄숙한 관계를 맺고 있다는 주장에 대한 설명은 과거 전통에 의존하는 경우가 대부분이다. 그러나 문제는 과거 전통이 우리에게 전해주는 화려해 보이는 명구들이 이런 관계를 정당한 것으로 보증해 주지 못한다는 것이다. 오히려 과거 전통의 명구들이 가진 애매한 의미 때문에 오해와 불신이 날로 증가하고 있는 실정이다.

다른 방법은 의사와 환자의 관계를 온정적 간섭주의 이념에서 계약적 견해로 방향을 전환하고, 이를 사회 규범과 법에 반영하려고 노력하는 것이다. 물론 이런 노력이 짧은 시간 동안에 가시적인 효과를 보기는 힘들다. 그러나 자신들의 태도를 명확히 한다면, 머지않아 그 결실을 거둘 수 있을 것이다. 이런 결실을 위해서는 보라매병원 사건의 개요와 변호사의 변론 내용, 그리고 재판 전 과정의 판결문에서 드러나 있는 환자의 자기결정권과 의사의 선행의 의무에 대한 논의를 상세하게 검토하는 것이 필요하다. 이를 통하여 의료계가 처해 있는 상황과 변화의 핵심이 드러날 것이며, 나아가 의료윤리적 관점에서, 앞으로 의료계가 나아가야 할 방향이 드러날 것이기 때문이다.

## 보라매병원 사건 판결문에 대한 검토

미국의 법정은 '로우 대 웨이드 사건' 판결을 통해, 여성의 신체에 대한 자기결정권을 인정하여, 낙태 찬성론자들의 손을 들어 주었다. 이미 이런 입장은 전 세계적으로 당연한 것으로 받아들여지고 있다. 거의 모든 선진국에서는 임산부가 원하기만 한다면, 임신 전 기간 어느 때라도 낙태가 가능하다. 이는 '신체의 자기결정권'을 근거로 한 결정이다.[5]

이와 같은 맥락에서 '환자의 자기결정권'도 의료윤리에서 매우 폭넓게 인정되는 권리이다. 이 권리는 환자 개개인의 지적 능력, 의식 수준의 향상과 더불이 요구되고 있으며, 윤리적으로도 법적으로도 널리 통용되고 있다. 다른 한편, 환자에게 이러한 권리가 인정되면서 의사에게는 이들 권리에 상응하는 의무가 부가되었다. 예를 들면, 의사의 '고지 의무' 등은 '환자의 자기결정권'을 행사하기 위한 기초가 되고 있다.

환자의 자기결정권은 의료윤리의 여러 문제를 해명하는 근거로 사용되기도 한다. 예를 들면, 서양의 여러 나라에서 자발적 안락사voluntary euthanasia와 비자발적 안락사non-voluntary euthanasia를 허용하는 강력한 근거로 제시되는 것이 환자의 자기결정권이다.[6] 또한 자발적인 안락사가 촉탁에 의한 살인과 유사하다는 점에서, 의사조력 자살physician assisted suicide의 결정적이고 강력한 근거로 제시되는 것이 자기결정권이다. 환자가 자신의 생명을 계속 연장할 것인지 그렇지 않은지를 스스로 판단하여 결정할 수 있으며, 환자가 생명을 연장하지 않기로 확고하게 주장하고 있다면, 이에 따라야 한다는 것이 환자의 자기결정권의 의미이다.

그러나 보라매병원 사건을 담당한 1심, 2심, 3심 재판 판결의 전체적인 내용은 환자의 자기결정권을 전혀 인정하지 않는 것으로 보인다. 물론 환자의 자기결정권을 인정하는 내용을 담고는 있지만 그 제한 조건으로 인해 결과적으로 환자의 자기결정권을 부정하고 있다.

이 사건에서 변호인은 "의사의 치료 행위는 환자의 자기결정권으로 인하여 환자의 동의하에서만 진행할 수 있는 것이므로, 이 사건의 경우와 같이 환자가 의식이 없는 상태에서 환자의 보호자가 계속적인 치료의 설득 노력에도 불구하고 치료를 거부하고 강력하게 퇴원을 요구하는 경우에는 …… 환자에 대한 치료를 계속해야 할 …… 의무는 소멸된다"라고 주장하고 있다.[7] 변호인은 환자나 보호자가 치료를 거부하는 경우에, 의사가 이들의 의사를 무시하고 강제하면서까지 치료를 해야 할 의무, 즉 '선행의 의무'는 없다고 주장하고 있다.

판결문은 처음엔 변호인의 주장에 동조하는 내용을 상술한다. 즉 "환자를 위하여 의료 행위를 계속하여야 한다고 판단됨에도 불구하고 환자가 자기결정권에 기하여 의료 행위를 원하지 아니하는 경우, 원칙적으로 의료 행위를 계속할 필요가 없게 된다"고 밝히고는 있다. 그러나 바로 이어 환자의 자율적 결정을 무시해야 할 제한 단서를 제시한다. "의료 행위 중지가 …… 환자의 사망이라는 중대한 결과를 초래하는 경우 …… 의료 행위를 계속해야 할 의무와 …… 환자를 퇴원시킬 의무와의 충돌이 일어나게 되는 바, …… 더 높은 가치인 환자의 생명을 보호할 의무가 우선하여 환자의 퇴원요구에도 불구하고 환자를 보호하여야 할 지위나 의무가 종료되지 아니한다"고 주장하고 있다. 판결문은 우리 형법이 살인 행위뿐만 아니라 촉탁, 승낙에 의한 살인행위와 자살을 방조하는 행위에 대해 처벌하고 있다는 것을 환자의 치료가 종료될 수 없는 근거로 제시한다.

결국 이 판결문의 내용은 치료 중지에 대한 환자의 자기결정권은 환자의 생명에 아무런 영향을 미치지 않는 가벼운 치료의 경우에만 보장될 수 있다고 말하는 셈이다. 즉 무좀 치료를 거부하거나, 감기 치료 거부 등과 같은 경우에 의사는 환자의 자기결정권을 존중해야 하며, 생명과 관련된 사항에서는 환자의 자기결정권을 반드시 무시하고서 치료해야 한다고 말하는 것이다. 죽음이 예상되는 어떠한 경우에도, 환자 자신이 원하고 가족이 동의하더라도, 의사는 치료를 포기해서는 안 된다고 선언한 것이다.

그러나 환자의 자기결정권이 현대 사회에 의미 있게 등장하게 된 이유를 생각해서 봐야 한다. 이 판결은 환자의 자기결정권의 의미를 지나치게 무시하고 있거나 자기결정권의 권리가 등장하는 것을 꺼려한 결정이라고 할 수 있다. 그러나 대법원의 판결이 함축하는 것처럼, 환자의 자기결정권이 중대한 치료 결정에서 보장되지 않는다면, 자율적 자기결정권은 너무도 사소한 권리로 전락해 버리고 만다. 그리고 이 권리와 관련된 논의는 윤리적 주제가 될 수 없는 사소한 것으로 치부될 것이다. 매우 사소한 사항에서만 환자의 자기결정권을 인정하는 것은 아무런 의미가 없다. 그렇다면 환자의 자기결정권이 고작 무좀 치료의 중단을 위해 등장했단 말인가? 결코 그렇지 않다. 그래서도 안 된다. 환자의 자기결정권 존중은 의료에 있어서 보다 근본적인 문제를 해결하기 위해 등장한 중요 원리이기 때문이다.

환자의 자기결정권은 자신의 의사를 존중받고자 열망하는 현대인들의 갈망에서 비롯된 것이며, 온정적 간섭주의에 의해 비하된 자신의 존재와 무시되는 자신의 의사를 존중해 달라는 외침이기도 하다. 사실 자기결정권 또는 치료에서 환자의 자율적 결정은 환자의 죽음의 문제를 다루면서 등장한 개념이다. 더 이상 살고자 원치 않는 사람의 지속적인 치료의 중단을 정당화하기 위해 등장한 것이다.

이제 단순히 숨이 붙어 있다는 것, 그리고 생물학적 생명을 단순히 연명시키는 것이 선이 아닐 수 있다는 견해가 힘을 얻어가고 있다. 그리고 우리나라 법정이 판단하고 있는 것과는 달리, 인간의 생명이 모든 가치에 앞서 우선 고려해야 할 사항이 아니라는 것도 일반적으로 받아들여지고 있다.[8] 그렇다면 죽어가면서도 결코 도움을 받지 않겠다는 사람을 강제로 도와서 살려주는 것이 전적으로 선행이라고 단호하게 주장할 수 있을 것인가?

## 환자의 자기결정권과 보호자의 대리 결정권

우리의 법정이 환자의 자기결정권을 인정하든 그렇지 않든 선진 사회에서 환자의 자기결정권은 폭넓게 인정되고 있는 추세이다. 많은 이들이 환자의 자기결정권에 의거해서 안락사를 요구하며, 거부 당하는 경우 적극적 방법을 사용하여 자신의 의사를 관철시키려는 사례는 선진 사회에서 이제 보기 흔한 일이 되었다. 서양의 여러 나라에서 환자의 자발적 요구에 의해 의사조력 자살이 합법적으로 시행되고 있다. 이것은 치료와 죽음의 문제에 자율적 결정이 존중되고 있는 추세를 반영한다.

또한 환자가 자신의 의사를 표현할 수 없는 상황에 처했을 때, 그 상황에 대해 사전에 자신의 의사를 분명하게 표명하지 않은 경우에는, 보호자나 후견인(이하, 보호자)이 환자의 결정을 대리할 수 있는 권한을 갖게 된다. 특히 그 환자가 미성년인 경우에, 미국 법정은 치료 중단과 철회에 대한 전권이 보호자에게 있음을 분명하게 선언하였다. 이것은 대리 결정권의 문제이다.[9]

의사결정 대리권과 관련하여 의료윤리학이 주된 관심을 가지는 것은 이 권한을 누가 갖는지가 아니라 어떤 기준에 의해서 대리 결정을 내려야 하는가이다. 이 기준은 3가지로 구분될 수 있다.

첫째, 환자를 대신한 판단, 즉 그 환자가 원했을 법한 것을 결정하는 것이다.

둘째, 순수한 자율성에 의한 판단, 이에 따르면, 이러한 상태 이전에 그 환자가 표명한 의사에 따라야 한다.

셋째, 환자의 최선의 이익, 판단자의 가치관이나 주관적 의사가 아닌 환자에게 최선인 판단을 해야 한다.[10]

보라매병원 사건에서, 환자는 무의식 상태에 돌입하기 전 자신의 신체나 생명에 대한 어떤 표명도 하지 않은 것으로 보인다. 따라서 위에서 제시한 두 번째 기준은 여기서 고려할 필요가 없다. 보라매병원 사건에서 문제가 되는 것은 첫째 기준과 둘째 기준인데, 여기서 중요한 것은 의사결정 대리권을 가진 자가 이 기준에 따라 판단해야 한다는 것이다. 보라매병원 사건에서 더 중요하고, 더 큰 주목을 해야 할 부분은 의사가 일차적인 대리권자가 아니라는 점이다. 의사의 최초의 임무는 일차적인 대리권자가 결정을 내릴 때 근거로 삼을 수 있는 충분한 정보를 제공하는 것이다. 의사는 이 환자에 대한 일차적 대리권이 없기 때문에, 의사는 환자가 치료를 원하는지 아닌지에 대해 판단할 권한이 없으며, 이를 판단할 필요도 없다. 단지 보호자가 제대로 판단한 것으로 전제하고서 그의 요청에 따르는 것으로 충분하다.

보라매병원 사건을 판결한 법정은 의사결정 대리권자에게 첫 번째 기준에 따라 판단할 것을 요구하고 있다. 즉 환자가 비록 자신의 의사를 표명할 능력을 상실했지만, 대리인은 그 환자가 원하고 있는 것을 결정해야 한다는 것이다. 법원은 "사전에 환자 본인의 명시적인 의사 표시가 없는 경우에는 가족이 환자 본인의 입장에 서서 의료 행위를 계속할 것인지 여부에 관하여 진지하게 고려한 후 그에 기하여 한 가족의 의사 표시로부터 환자 본인의 의사를 추정하는 것도 일정한 경우 허용된다 할 것"이라는 판결문 내용을 통해 분명하게 알 수 있다.

이 판결로 미루어 알 수 있는 것은 환자에 대한 의사결정 대리권자는 그 가족이며, 그 가족은 환자 본인의 의사를 추정하여, 환자가 원하는 것을 결정해야 한다는 것이다. 여기에서 법원의 요구는 한걸음 더 나아간다. 환자가 원하는 바를 보호자가 결정할 때의 조건을 나열하고 있다. 즉 "그러한 추정이 허용되기 위해서는 가족이 환자의 성격, 가치관, 인생관 등을 충분히 알고 그러한 의사를 정확하게 추정할 수 있는 입장에 있어야 하고, 가족이 환자의 병의 상태, 치료 내용, 예후 등에 관하여 의사 등을 통하여 충분한 정보와 정확한 인식을 가지고 있어야 한다"고 말한다.

환자가 원하는 것에 대해 보호자가 결정할 때의 조건을 객관적으로 제시하는 것은 의사결정 대리권자의 결정을 사회적으로 인정받을 수 있다는 점에서 긍정적인 측면이 있다. 그러나 법원이 제시한 이 기준은 지나치게 어려운 기준이다. 아무리 가족이라 할지라도, 환자의 성격, 가치관, 인생관을 충분히 알기 어려운 경우가 흔히 있기 때문이다. 더구나 환자의 병에 대해 의사와 충분히 정보를 교환한 후에, 치료를 계속하거나 중단하기로 결정한 경우, 그것이 환자의 성격, 가치관 인생관을 충분히 알고서 행한 결정인지 그렇지 않은지 판단할 기준도 존재하지 않는다.

법원도 가족의 결정이 환자가 원하는 것과 다를 수 있다는 것을 인식하고 있는 듯하다. 보호자가 환자의 자율적 결정이 무엇인지 잘못 판단하는 것은 가능하다. 그리고 잘못 판단하는 것이 드물지도 않을 것이다. 그러나 보호자가 잘못 판단한 것을 의사가 책임질 필요는 없다. 보호자의 잘못은 보호자가 책임질 일이지, 의사는 이런 잘못에 어떤 책임도 없다. 의사는 단지 의사의 잘못에 책임을 지면 된다. 그렇다면 보호자가 내린 판단이 법원이 제시한 고려 조건을 충족시켰다는 것을 알수 있는 방법은 무엇인가? 말하자면 의사가 보호자가 내린 판단이 잘못이라는 것을 알 수 있는 방법이 있는가? 이에 대한 분명한 대답은 매우 어렵다. 그래서였는지, 법원은 의사에게 선행의 의무를 강제함으로써 이 문제를 해결하려고 했다. 그러나 법원의 이런 해결방식은 문제를 더 어렵고 곤란하게 만들어 버린다.

법원은 의사가 보호자의 결정에 따라 행동할 때의 조건을 다음과 같이 제시하고 있다. "가족의 의사표시를 판단하는 의사측도 가족의 태도, 환자와 가족의 관계에 대하여 가족과의 대화 등을 통하여 환자의 가족을 잘 인식하고 이해하도록 노력하여야 하고, 그러한 입장에서 환자의 추정적 의사가 있는지 여부를 신중하게 판단하여야 하며, 환자에게 의료행위의 중지를 요구하는 추정적 의사가 있는지 여부가 의심스러운 경우에는 환자의 생명을 보호·유지하여야 할 의무를 우선시켜야 한다."

환자에 대한 판단 기준으로 법원이 의사에게 적용한 것은 세 번째 기준인 환자의 최선의 이익에 따르라는 기준이다. 법원은 보호자의 판단과 의사의 선행의 의무가 환자의 의사결정에 반하는 결정을 방지할 것으로 판단한 것처럼 보인다. 그렇지만 의사로서는 보호자가 환자에 대해 내린 결정이 어떤 조건에서 내려졌는지 현실적으로 알기 매우 어렵다. 따라서 결국엔 의사는 환자의 생명을 유지시키는 결정을 할 수밖에 없다. 왜냐하면 치료의 중지가 환자에게 최선일 수도 아닐 수도 있지만, 그리고 치료의 지속이 환자에게 최선일 수도 아닐 수도 있지만,

아무도 이를 확신할 수 없는 상황에서는 치료의 지속만이 의사를 법률적 안전지대로 도피할 수 있게 해주기 때문이다. 우리가 환자의 자기결정권과 의사결정 대리권을 존중하면서 이런 결과를 원한 것은 아닐 것이다.

더구나 앞에서 살펴보았듯이, 법원은 환자 자신의 퇴원 요구에도 그 퇴원 결정이 사망의 결과가 초래될 가능성이 있는 경우에는 의사는 환자의 퇴원 요구를 무시하도록 강제하고 있다. 이것이 의사에게 부여된 선행의 의무라는 것이다. 그렇다면 보라매병원 사건의 법원 판결은 생명과 관련될 수 있는 모든 경우에 의사는 환자의 보호자가 어떤 판단을 하든, 그리고 환자가 어떤 자율적 판단을 하든 환자의 사망이라는 결과가 초래될 가능성이 있다면, 선행의 의무에 따라서 결코 치료를 중지, 철회, 포기해서는 안 된다고 주장하는 것과 마찬가지이다. 그러나 선행의 의무는 제한적인 의무에 불과하다. 이 제한과 한도가 분명하지 않음에도 무제약적으로 선행의 의무를 인정하는 것은 유감스러운 일이다.

또한 이런 법원의 판결은 비자발적 안락사를 금지하는 규정으로 해석되기에 충분하다. 이제 의사들은 의료계에서 관행적으로 실행해 온 비자발적 안락사를 허용하거나 용인해서는 안 될 것이다. 왜냐하면 환자가 추정적 의사가 있었다는 보호자들의 결정에 대한 자신의 판단이 신뢰할 만하거나, 법원을 설득할 만한 기준에 의거했다는 명백한 증거가 없는 한, 부작위든 작위든 살인과 관련된 죄목으로 처벌받을 것이 분명하기 때문이다. 그리고 안락사를 허용하든 용인하든 묵인하든, 아니면 퇴원을 시키든 '살인 방조' 또는 '부작위에 의한 살인' 중 어느 하나에는 해당되기 때문이다.

보호자가 어떤 결정을 내리든, 죽음과 관련되어 있는 경우에 의사는 보호자의 결정을 무조건 무시해야 한다. 그렇다면 보호자의 결정은 무슨 의미가 있는가? 보호자의 결정을 의사가 무조건 무시하지 않을 수 있는 또 하나의 방법이 있기는 하다. 그러나 이 방법이 환자의 자기결정권과 의사결정 대리권을 존중하는 것도 아니다. 어쨌든 그 방법은 퇴원 여부에 대한 판단을 법원에 일일이 묻는 것이다. 법원은 이것을 원하는 것인가? 보호자와 의사의 자율적 판단을 무시하고, 모든 국민 각 개인과 의사 모두를 법원의 판단의 지배하에 두려는 것인가? 법이 너무 개인의 일에 지나치게 간섭하는 것은 아닌가?

우리는 보호자의 결정이 건전한 것이고 최선의 것이라고 믿어야만 한다. 보호자가 어떤 결정을 내리든, 그 결정이 환자가 원했을 법한 것이라고 생각하는 것이 합리적이지 않을까? 또한 보호자가 환자에게 해가되는 결정을 할 것이라고 끊임없이 의심해야 할 이유가 있겠는가? 그렇지 않다면, 의사는 보호자의 결정을 전적으로 존중하여 이에 따라야 한다. 만약 이를 의심한다면, 전통적인 보호자에 대한 우리의 믿음과 의미는 소멸해 버리고 말 것이다.

의사에게 과도한 선행의 의무를 강제하지 않는다면, 가족으로서 보호자가 선의에서 환자에 최선을 결정했다고 의심하지 않고 믿은 경우에, 설령 나쁜 결과가 초래되었다할지라도 그 보호자의 결정에 따른 의사에게 책임을 묻는 것은 가혹한 처사이다. 의사는 오로지 보호자의 결정을 믿고서 따랐을 뿐이기 때문이다. 다른 한편으로 다음과 같은 의문도 생긴다. 자기 자신도 그리고 가족도 보호하지 않으려고 하는 생명을 제3자인 의사가 보호해 주어야 하는 특별한 이유는 무엇인가? 또한 보호자가 환자의 가치관과 이익에 반하는 결정을 했다는 것을 인지할 능력을 의사에게 요구한다면, 의사에게 너무 지나치게 많은 것을 요구하는 것은 아닌가? 개인의 능력을 넘어서는 것을 요구하는 것은 윤리에서도 법에서도 온당하지 않다.

## 3장 의사의 윤리와 전문직

1 이에 대한 예는 2000년 의사 파업 당시 일반인들이 보여준 의사에 대한 무
  조건적이고 일방적인 불신에서 찾아 볼 수 있다. 이러한 문제가 해결되거
  나, 적어도 완화되지 않는다면, 의료 정책과 그 방향에서 갈등과 반목으로
  인한 시간적·경제적 낭비는 예견된 것이라 할 수 있다.

2 Teichman, J., *Social Ethics*, Cambridge: Blackwell Publishers, 1996, pp.108-115.

3 이 주장이 설득력이 있기 위해서는 그 이유가 제시되어야 한다. 이 주장에
  대한 이유는 앞에서 설명되었듯이 "의사의 직무는 인간의 질병을 다루는
  직업으로 생명의 문제와 직결되어 있다"이다. 생명은 한 인간에게 매우 중
  요하며, 따라서 사회적 중요성을 갖는 것이기 때문에, 생명을 대상으로 하
  는 전문직에 더 큰 능력을 요구하는 것은 합당해 보인다.

4 논증의 세속적 결론은 두 가지일 수 있다. 환자는 3)을, 의사는 5)를 결론으
  로 주장할 것이다.

5 의사와 환자의 갈등에 관한 상세한 설명은 이 책의 4장 2절을 참고할 것.

6 De George, R. T., *Business Ethics*, Prentice Hall, 4th, 1999, pp.488-489.

7 이에 대해 자세한 내용을 알고자 한다면, Larson, M. S., *The Rise of Profe-
  ssionalism: A Sociological Analysis*, Berkely: University of California Press, 1977을
  참고할 것. 이 책은 전문직의 조건에 대해 많은 설명을 하고 있다.

8 De George, R. T., op. cit., p.490.

9 토머스 가렛Thomas Garrett은 자신의 저서에서 전문직은 다음과 같은 세 가지
  조건을 포함한다고 말한다. 첫째, 특별한 경험을 가지고서 특별한 삶의 방
  식으로 헌신해야 한다. 둘째, 사회 기능에 중요한 활동과 깊게 연관되어야
  한다. 셋째, 사적인 이익보다 먼저, 적어도 동등하게 사회와 그 구성원들에
  게 봉사하는 것이어야 한다. Garrett, T., *Health Care Ethics: Principles and
  Problems*, Upper Saddle River, 2001, p.16.

10 전문직이 자율성을 갖는다는 것은 전문직 구성원이 자율적으로 활동을 한
   다는 것을 의미할 뿐만 아니라, 전문직 단체의 활동도 간섭을 받지 않고
   자율적으로 활동한다는 것을 의미한다.

11 여기에서 문제는 과연 요구되는 의무만큼 특권이 주어져 있느냐이다. 일반
   인들은 의사가 특권을 갖고 의무는 실행하지 않는다고 생각하고, 의사는
   자신들에 부과되는 의무만큼 특권을 누리지 못하고 있다고 생각한다.

12 Flynn, E. P., *Issue in Health Care Ethics*, Prentice Hall, 2000, p.249.

13 이와 관련된 설명으로는, 장동익, 「덕 전문직 역할과 덕 윤리」, 『인문과학』 50집, 인문과학연구소, 2012를 참고할 것.

14 Flynn, E. P., op. cit., p.250.

15 Nussbaum, M. C., *The Fragility of Goodness: Luck and ethics in Greek tragedy and philosophy*, Cambridge University Press, 1986.

16 Flynn, E. P., op. cit.

17 Beauchamp, T. L. and Walters, L., *Contemporary Issues in Bioethics*, Wadsworth Publishing Company, 1999. p.35.

18 의사와 환자의 관계에서 성직자 모델에 관해서는 이 책의 6장 4절을 참고할 것.

19 이와 관련한 내용은 이 책 6장과 7장을 참고할 것.

20 이것이 "왜 특정한 소수의 사람에게만 의료와 진료의 권한을 주어야 하는가?"라는 물음에 대한 대답의 근거이다. 즉 이것이 의료 지식의 불평등한 분배에 대한 정당화 근거이다.

21 여기에 대해서는 많은 이견이 있을 수밖에 없다. 『의료윤리학의 원리』에서 비첨과 칠드레스는 선행을 행하는 사람이 그 선행으로 인해 심각한 위험과 비용을 부담해야 하는 경우에는 선행의 의무가 될 수 없다고 말한다. 또한 심각한 위험이나 비용을 부담하지 않는 경우라도 그 선행의 대상이 엄청나게 많아서 결과적으로 그 부담을 감당하기 어렵다면 이 경우 또한 선행의 의무가 되지 않는다고 주장한다.

22 의사에 적용되는 도덕적 표준의 범위와 정도에 관해서는 많은 논의가 필요하며, 이 표준이 규범성을 갖기 위해서는 사회적인 일반적 합의에 도달해야 한다.

23 De George, R. T., op. cit., p.491.

24 이와 관련해서는 6장에서 논의하고 있다.

25 Mappes, T. and Degrazia, D., *Biomedical Ethics*, McGraw Hill, 2001, p.57.

26 과거 미국의 의료 체계에서는 고용주가 건강보험조합을 바꾸면, 기존에 진료하던 의사를 교체해야 했다. 이런 분위기는 의사와 환자의 인간적인 관계를 방해하는 주요 요인이었다.


## 4장 의료 전문직 윤리와 선행의 의무

1 Beauchamp, T. L. and Childress, J. F., *Principles of Biomedical Ethics*, Oxford University Press, 5th edition, 2001, p.167.

2    De George, R. T., *Business Ethics*, Prentice Hall, 4th, 1999, p.491.

3    Teichman, J., *Social Ethics*, Cambridge: Blackwell Publishers, 1996, pp.108-115.

4    이것은 2000년 한국의 의사 파업 당시에 의사들의 주요한 입장이었다.

5    Flynn, E. P., *Issue in Health Care Ethics*, Prentice Hall, 2000, p.249.

6    Ibid., p.250.

7    'good'의 의미에 관한 자세한 논의를 위해서는, Nussbaum, M. C., *The Fragility of Goodness: Luck and ethics in Greek traedy and philosophy*, Cambridge University Press, 1986을 참조할 것. 우리말 '훌륭한'이 영어의 'good'으로 표현될 수 있는지에 대한 이견이 있을 수 있지만, 여기서는 논의하지 않을 것이다. 이에 대한 논의는 본 논문의 범위를 벗어나는 것이다. 다만 필자는 우리말의 '훌륭한'이 영어의 'good'으로 대체될 수 있다는 입장을 단순히 따르고 있다.

8    Beachamp, T. L. and Walters, L., *Contemporary Issues in Bioethics*, Wadsworth Publishing Company, 1999. p.35.

9    Flynn, E. P., op. cit., p.250.

10   Singer, P., "Famine, Affluence, and Morality", *Social Ethics: Morality and Social Policy*, Mappes, T. A. and Zembaty, J. S.(ed.), McGRaw Hill Companies, 2007, p.438.

11   Frankena, W., *Ethics*, Prentice-Hall, Inc., Englewood Cliffs, New Jersey, 1973, p.46.

12   Ibid., p.47.

13   Williams, B., *Problems of the Self*, Cambridge University Press, 1973, pp.230-249.

14   Beauchamp, T. L. and Childress, J. F., op. cit., p.167.

15   Ibid., pp.173-174.

16   McCormick, R., "Proxy Consent in the Experimentation Situation", *Perspectives in Biology and Medicine* 18, 1974, pp.2-20

17   Abrams, N., "Scope of Beneficence in Health Care", *Beneficence and Health Care*, Shelp, E. E.(eds.), D. Reidel Publishing Company, 1982, p.184.

18   Beauchamp, T. L. and Childress, J. F., op. cit., pp.173-175.

19   현재 의료윤리학에서는 계약적 모델을 가장 바람직한 의사와 환자 관계 모델로 받아들이고 있다. 그 이유는 환자의 자율적 판단을 존중할 수 있는 모델이기 때문이다. 이에 관해서는 이 책의 6장을 참고할 것.

20   Singer, P., op. cit.

21   마이클 슬롯, 『덕의 부활』, 장동익 역, 철학과 현실사. 2002, 35쪽, 주석 3.

22 Beauchamp, T. L. and Childress, J. F., op. cit., p.172. 선행 의무에 대한 이런 방식의 설명은 선행의 종류를 규정하려는 것이 아니라 선행의 정도나 그 양을 규정하려는 것이다.

23 Ibid, p.172. 초판에는 이 조건들이 다음과 같이 4개가 제시되었다. (1) 을이 심각한 손해나 손상을 입을 위험에 있으며, (2) 갑의 행위는 이런 손해나 손상을 방지하는 것과 직접적으로 관련되어 있고, (3) 갑의 행위는 아마도 이것을 막을 것이며, (4) 을이 얻을 수 있는 이익이 갑이 당할 법한 피해를 능가하고 갑에게 최소한의 위험 이상을 주지 않아야 한다.

## 5장 보라매병원 사건과 선행 의무, 그리고 환자의 자율성

1 이런 변화는 산업화에 따른 개인주의의 극대화에 의한 것으로 보인다. 산업화는 개인주의와 익명성을 바탕으로 하기 때문에, 산업화를 극대화되면 역시 개인주의와 익명성도 커지기 마련이다. 물론 개인주의와 익명성을 약화시키려는 노력에 의해 늦출 수는 있겠지만 거스를 수는 없을 것이다.

2 1997년 12월 4일 술에 취해 화장실에 가다 넘어져 머리를 다친 남성을 부인이 퇴원시켰다가 해당 환자가 사망한 사건이다. 대법원은 판결을 통해 '의학적 권고에 반하는 퇴원discharge against medical advice'에 대해 의사를 살인방조죄로 징역 1년 6개월, 집행유예 2년을 선고하였다.

3 비치가 말하는 계약론적 견해를 의미한다. 이 견해는 환자의 자율적 결정을 의사가 존중하는 것을 기본적 이념으로 삼고 있다. Veatch, R. M., "Model for Ethical Medicine in a Revolutionary Age", *Hastings Center Report*, vol. 2, June 1972 참조.

4 의사결정 능력이 없는 환자의 보호자 또는 후견인의 결정에 관해서는 여기에서 설명하지 않을 것이다. 이것은 단지 논의의 편의를 위해서 일뿐 중요성을 부정하는 것은 아니다.

5 Singer, P., *Rethinking Life and Death*, St. Martin's Griffin New York, 1994, pp.83-105 참조. 그러나 최근 미국 대법원은 로우 대 웨이드 판결을 뒤집었다. 낙태와 관련된 법령은 각 주에서 결정할 문제라고 결정하였다.

6 환자의 자기결정권이 환자의 안락사 요구에 의사가 따라야 한다는 근거가 되지 못한다는 주장도 있다. 임종식, 구인회 공저, 『삶과 죽음의 철학』, 아카넷, 2003, 263-277쪽 참조.

7 대법원 2004. 6. 24. 선고 2002도995 판결. 이하 판결문에 대한 주석 생략.

8 Thomson, J. J., "A Defense of Abortion", *Philosophy and Public Affairs*, vol. 1, no. 1, Princeton University Press, pp.47-66 참조.

9    미국 뉴저지 법정이 1976년 퀸란 사건을 판결하면서 대리 결정을 위한 기준과 절차를 확립하였다.

10    Beauchamp, T. L. and Childress, J. F., *Principles of Biomedical Ethics*, Oxford University Press, 2001, pp.98-103 참조.

# 제 3 부

# 의사와 환자의 관계, 그리고 의료의 분배적 정의

# 제6장

# 이성주의 그리고 의사와 환자의 관계 모델

## 인간의 사유와 이성주의

인간의 사유 체계는 시대의 변화에 따라 새로운 다른 사유 체계로 변화를 거듭해 왔다. 우리의 사유 체계 역시 끊임없이 변화했다는 점에서 만물은 유전한다는 헤라클레이토스Heraclitus의 말은 우리 사유 체계에도 예외는 아니며, 오히려 정확하게 더 잘 적용되고 있는 영역이라고 할 수 있다. 우리의 사유 체계를 미시적인 관점에서 바라볼 때, 수없이 많은 변화가 지속되어 왔다는 것을 알 수 있는 것과 마찬가지로, 거시적인 관점에서 볼 때에도 미시적인 관점의 변화 못지않게 많은 변화가 있었다는 것은 쉽게 알 수 있다.

서구 사유의 주된 물줄기는 소크라테스Socrates에서 시작하는 이성주의이다.[1] 인간 사회에서 이성주의는 인류 역사의 초기까지 거슬러 올라갈 정도로 오랜 역사를 가지고 있을 뿐만 아니라, 현대사회를 지배하는 주된 이념이기도 하다. 이성주의는 여전히 현대에도 가장 큰 물줄기를 형성하고 있는 거대한 흐름이며, 역사를 통틀어 이 흐름을 완강히 저항한 사상가는 없었다고 해도 과언은 아니다. 그러나 이성주의가 현대에까지 지속되고 있다할지라도 이성주의 내부의 변화는 적지 않다. 이성과 지성의 소유자에 대한 범위가 어떻게 설정되느냐에 따라, 즉 누가 이성 담지자이며, 그 범위와 정도를 어느 선까지 인정하느냐에 따라 이성주의의 내용은 상당히 달라지고 있다.

이런 이성주의 속의 변화를 고찰함으로써, 우리 의료계가 직면하고 있는 문제점을 해결하고, 낡은 체계에 의한 사유에서 벗어나서 새로운 시각을 가질 필요가 있다. 이런 새로운 시각이 우리의 의료 문제를 해결할 수 있는 단초를 제공할 수 있기 때문이다. 그래서 이성주의에 대한 변화를 고찰함으로써 우리 의료계가 나아가야 할 새로운 체계를 미력하나마 제시해보고자 한다. 이성주의에 대한 변화를 고찰함으로써 새로운 체계를 확립해야 하는 이유는 다음 두 가지이다. 첫째, 인간의 사상사를 통찰해 보건대 하나의 체계가 한 사회에서 그 힘을 잃고 더 이상 작동하지 않을 때 새롭게 생겨나 그 사회에 영향력을 행사하는 새로운 체계 역시 이성주의 틀을 크게 벗어나지 않았기 때문이다. 둘째, 이성주의 발전사는 이성 담지자를 특정한 한정된 대상에서 보편적인 개별자로 확대하고 있기 때문이다. 말하자면 현대는 모든 개별자가 이성을 가진, 합리적 사고를 하는 평등한 존재라는 생각을 전제하고 있다.

사상사 전체에서 이성주의의 변화는 그 이성 담지자의 변화, 즉 특별한 소수나 절대자의 이성 소유에서 개인 각각이 모두 이성을 소유했다는 이성의 보편적 소유로 의미가 변화하였다. 또한 이성주의 사상사에서 이런 변화가 어떻게 계약 개념을 도입하게 되는지도 살펴보아야 한다. 그 과정에서 '계약' 개념이 갖는 의미가 자연스럽게 드러날 것이고, 그럼으로써 의료윤리에서 의사와 환자의 관계 설정 방향으로서 계약론적 입장을 되새기는 계기로 삼을 수 있다. 그리고 이성을 강조하는 온정적 간섭주의와 계약 개념을 통해 환자와 의사의 관계를 설명하려고 하는 계약론적 입장인 호혜적인 입장을 비교하면서 바람직한 의사와 환자의 관계 모델의 가능성을 탐색해 볼 수 있다.

## 이성주의와 온정적 간섭주의

플라톤Platon은 체계적인 이성주의를 출범시킨 철학자이며, 인간 사회에서 이성주의가 어떤 의미를 갖는지를 구체적이고 상세하게 설명하고 있으며, 이성주의에 의한 사회 모델을 설명하고 있다.[2] 그의 이성주의 철학 체계는 수 천 년 동안 서구 사상에 결정적인 영향을 준 철학 사조이다. 플라톤에 의하면 참된 지식episteme을 아는 사람은 없다.[3] 그러나 이런 참된 지식이 인간의 힘이 미치지 못하는 곳에 있는 것은 아니다. 플라톤은 우리가 가진 인지 능력을 두 가지로 구분하고 있다. 하나는 변화하는 것들을 알게 되는 감각 능력이며, 다른 하나는 변화하지 않는 참된 것을 파악하는 사유 능력이다. 플라톤은 감각이 아닌 사유 능력에 의해서만 참된 지식을 얻을 수 있다고 주장한다.

참된 지식을 알기 위해서는 우선 우리 혼을 순수하게 정화하여야 한다. 왜냐하면 우리가 참된 지식을 알지 못하게 되는 것은 우리의 혼이 감각에 의해 오염되었기 때문이다. 이런 '혼의 순수화'를 통해 우리의 혼은 모든 감각적 지각을 버리고 정화된 상태에서 오로지 순수한 사유 활동만으로 참된 지식을 파악해 낼 수 있다. 이렇게 정화된 순수한 사유 활동을 '이성적 활동noesis'이라고 한다. 사유 작용을 통해서 우리가 알게 되는 것은 '지성적인 것들ta noeta', 즉 '참된 지식'이다. 이에 반해 육신을 통한 감각적 활동을 '감각작용aisthesis'라고 하며, 이 작용을 통해 우리가 알게 되는 것은 '감각적인 것들ta aistheta'로, '억견doxa'에 해당한다. 억견은 간단히 말해서 정당화되지 않는 주장 또는 단순한 믿음에 불과하며, 참된 지식이 될 수 없다.

플라톤에 의하면 참된 지식을 알게 되는 것은 혼을 순수화하는 길뿐이다. 그러나 혼의 순수화는 그렇게 간단한 것이 아니며, 아무나 할 수 있는 것도 아니다. 또한 순수한 혼은 참된 지식을 상기해 내는데, 이렇게 '진리aletheia'를 알게 되는 것은 소수의 사람만이 할 수 있는 것이다. 진리 인식은 특별한 능력을 가진, 즉 혼에 있어서 이성의 능력이 탁월한 사람만이 이룰 수 있는 경지이다. 이런 능력을 가진 사람이 철학자이다.

혼에 있어서 이성의 능력이 탁월한 사람들은 지혜를 사랑하는 사람들이다. 이들은 참된 지혜를 터득하고 있기 때문에, 이들이 그 사회를 지배해야 하며, 일반인들은 참된 지식을 가지고 있는 그의 지시에 따라야 한다. 왜냐하면 한 사회 체계가 아무리 잘 구조되어 있다할지라도, 지성이 지배하는 상황이 실현되지 않는다면, 그 사회 구조는 무너질 수밖에 없기 때문이다.[4] 그렇다면 플라톤은 참된 지식을 아는, 즉 올바른 것 또는 좋은 것을 아는 소수가 그 사회의 지도자가 되어야 한다고 주장하는 셈이다. 이러한 플라톤의 생각에는 소수를 제외한 대부분의 사람들은 이성nous보다는 욕망epithymia이나 기개thymos에 더 지배된다는 생각이 전제되어 있다.

대부분의 사람들이 이성적 능력을 결여했다는 것에 근거해서 플라톤은 민주주의를 거부한다. 그에 의하면 민주주의는 필경 중우정치로 전락하고 만다. 이성적 능력이 결여된 사람들은 이성적 능력을 가진 사람들의 피지배자가 되어야 한다. 이성적 능력이 결여된 사람들이 지배자가 되고자 하고, 이들이 지배자인 사회는 결국 파멸을 면치 못할 것이라는 것이 플라톤의 생각이다.

이성주의를 사회적 이념으로 받아들이는 사회는 모든 설명적 근거를 이성에서 찾는다. 이런 사회에서 그 사회가 그러한 방식으로 구성되어 있는 이유 등 모든 것은 이성적 명령에 기인한 것이다. 즉 한 사회가 구조되어 있는 방식, 또는 그 사회의 정책과 구성원들의 행동 방식 등 한 사회의 모든 것을 정당화하거나 부당하게 만드는 것이 바로 이성이다.

플라톤에 있어서도 모든 사회적 체계와 문제의 정당화 근거는 이성이다. 플라톤은 참된 지식을 아는 사람, 철학자가 모든 사회적 문제를 결정하고, 그 이외 모든 일반인은 철학자의 지시에 따라야 한다. 왜 그래야 하는가? 철학자만이 이성을 가지고 있으며, 이성을 가진 사람은 필경 지혜를 사랑하는 철학자일 것이기 때문이다.

중세시대 역시도, 물론 신에 대한 믿음이 중심인 시대였을지라도, 이성주의가 주도하는 사회였다고 해도 과언은 아니다. 그 이성의 담지자가 플라톤이 말한 철학사에서 신으로 바뀌었을 뿐이기 때문이다. 좀 더 정확히는 신을 대리하는 왕이나 성직자로 바뀌었을 뿐이다 플라톤의 이론에서 모든 사회적 결정의 정당화는 이성을 담지하고 있는 철학자의 판단에 의거한다. 이와 유사하게 중세시대의 사회적 결정의 정당화는 이성을 담지하고 있는 신의 판단에 의거한다. 신의 판단을 안다고 주장하는 사람들, 특히 성직자들에 의해 정당화되었다. 중세시대에는 사회적 결정의 정당화 근거로서 신의 판단을 아는 성직자가 대리 수행한다는 점에서 철학자가 이성의 담지자라고 주장하는 플라톤식 이성주의와 다른 길을 걷고 있다.

플라톤의 이성주의와 중세시대 이성주의의 공통점은 이성을 소수의 특정한 존재의 전유물로 간주한다는 것이다. 따라서 한 사회의 어떤 것이 정당화되는지 아니면 부당하게 되는지는 이성을 소유한 특수한 소수의 존재에 의존하게 된다. 온정적 간섭주의는 바로 이러한 견해에 근거하고 있다. 즉 이성을 소유한 존재가 필경 참된 지식을 가지고 옳은 판단을 할 것이 분명하며, 그 존재가 이성을 소유하지 않은 여타의 사회 구성원을 바르게 인도할 것이다. 그렇게 때문에 일반인들은 이성 담지자의 명령에 무조건 따라야 한다.

플라톤 주장처럼 우리 대부분이 이성적 능력이 결여되어 '욕망'이나 '기개'에 더 지배된다면, 이성을 지닌 참된 지식을 아는 소수의 지시에 따르는 것이 합리적이라는 것은 합당한 주장처럼 보인다. 왜냐하면 우리는 파멸을 원치 않을 것이기 때문이다. 이러한 생각에 기초한 관점이 온정적 간섭주의이다. 한 가정에 가장이 있어서 그 집안 대소사를 결정하고, 그 가정의 구성원들은 가장의 결정에 따르는 것이 합리적인 것으로 간주되어 왔다. 왜냐하면 한 가정의 가장은 성인으로서 지적 능력과 사회적 경험을 가지고 있어서 가장 좋은 것을 결정할 것이라는 믿음 때문이다.

한 가정의 가장의 역할에서 보여주듯이 온정적 간섭주의가 이성주의 사상사에서 매우 강력한 지지를 받고 있는 견해라는 것은 분명하다. 그래서 온정적 간섭주의에 대한 근거나 설명은 구태여 말할 필요조차 없는 듯이 보인다. 온정적 간섭주의는 이미 앞에서 살펴보았듯이 플라톤의 이성주의와 중세시대의 이성주의가 강하게 뒷받침하고 있다. 그리고 이런 이성주의가 강력하고 큰 매력을 가지고 있기 때문에 온정적 간섭주의 역시 매우 큰 매력을 지닌 것으로 간주되고 있다. 그리고 현대에도 온정적 간섭주의는 특정 영역에서 여전히 매력을 뽐내고 있는 견해이다. 예를 들면, 예술에 대한 각종 검열제도, 청소년 야간 통행금지 제도, 약물 복용 금지 등은 온정적 간섭주의에 의해 힘을 얻고 있다. 그러나 이 온정적 간섭주의는 현대에 들어서 청소년 문제 또는 약물 복용의 문제를 제외하고 그 존립을 의심받고 있다. 현대는 이성의 소유를 특정한 한정된 존재의 전유물로 간주하는 것이 아니라, 한 사회의 모든 구성원 각각이 동일한 정도의 이성을 가지고 있으며, 이에 따라 구성원 각각이 합리적 판단을 내릴 수 있다고 생각하기 때문이다.

온정적 간섭주의가 현대에 거부된다고 해서, 온정적 간섭주의를 토대하고 있는 이성주의가 전면적으로 거부되는 것은 아니다. 현대에도 이성주의는 여전히 명성을 유지하고 있다. 다만 이성주의의 특정한 형태, 즉 플라톤식 이성주의와 중세시대의 이성주의가 거부되고 있을 뿐이다. 이성주의는 이성의 소유 형태에 따라 두 가지로 구분해 볼 수 있다. 하나는 플라톤식 이성주의와 중세시대의 이성주의처럼 이성을 특정인이 독점하고 있는 형태이다. 이성을 특정인이 독점하고 있다고 생각하는 견해가 바로 온정적 간섭주의와 밀접하게 관련되어 있다. 다른 하나는 이성을 모든 인간이 동일한 정도로, 또는 적어도 매우 유사한 정도로 공유하고 있다고 생각하는 형태이다. 이 두 번째 형태의 이성주의는 15세기 이후 근대에 등장하기 시작했다. 그리고 계몽주의에 이르러 구체화되었다.

15세기 이후 중세적 세계관이 쇠퇴하기 시작하였다. 중세적 세계관의 쇠퇴는 이성의 담지자로서 신의 쇠퇴를 의미한다.[5] 과학의 발달과 중세적 세계관의 쇠퇴는 사람들에 대한 교회의 독단적 지배권을 부정하게 된다. 그리고 강요된 획일적 주장보다는 합리적 토론에 의한 보편적 규범을 존중하고자 한다. 이제 신의 권위를 내세워 자신들의 주장을 강요하던 중세의 지배자들은 새로운 시대에도 자신의 권위를 지속하기 위해서는 신 이외에 다른 정당화 근거를 찾아야 했다.[6] 이 시기에 정치철학 논의에 철학적 관심이 집중되었다는 것은 당연한 일이다. 이 시기의 통치자들은 자신의 정당성을 주장할 수 있는 이론적 토대를 마련할 필요가 있었다.

계몽주의 이전의 사고에 의하면, 개인은 세계 속에서 자연 또는 신의 섭리[7]에 따라 부여된 위치나 기능을 가지며, 이로부터 개인의 의무가 파생된다. 그러나 계몽주의는 이러한 관점을 붕괴시키고, 그 정당성에 의문을 제기한다. 따라서 철학자들은 이 공백을 메울 필요가 있었다. 이런 공백을 메울 하나의 대안으로 '계약' 개념을 제시하고 있는 듯하다.[8] 새로운 이론적 토대의 근거로 마련된 것이 '계약' 개념이라고 할 수 있다. 근대 사회 계약론은 새로운 사회인 근대 사회의 이념적 공백을 매우기 위해 도입된 이론이며, '계약' 개념을 통해 사회 질서를 확립하고 구체화하려 했다. 사회 계약론에서 모든 사회 질서는 구성원 각각의 사회적 계약에 의해 정당화된다.

이제 우리는 누군가와 계약함으로써 그 책임과 의무, 또는 권리나 권한을 갖는다고 생각하기에 이르렀다. 그런데 여기에서 주목해야 할 점은 이렇게 등장한 계약 개념은 모든 인간이 정신적 능력에서 동등하다는 이념을 전제한다는 것이다. 홉스에게 있어서 자연법은 이성적 존재의 자기 보존의 조건인데, 이 자연법은 계약을 통해 구체화된다. 이렇게 구체화된 자연법의 내용은 "생명과 종족을 우리에게 주어진 그대로 굳건히 지키기 위하여 우리가 해야 할 일과 해서는 안 될 일에 관해서 올바른 이성이 내리는 명령"[9]이다. 그래서 계약은 이성적으로 동등한 능력을 가진 사람들의 이성적 활동의 내용이며 그 결과물이다.

홉스는 특정인만 이성의 내용을 선천적으로 가지고 태어난다는 플라톤의 견해에 반대한다. 그는 플라톤에 반대함으로써 평등한 이성적 인간을 말하고 있다.[10] 계몽 정신은 모든 인간의 정신적 능력의 평등함을 근거로 사회 체계의 정당성을 '계약' 개념에서 찾는다고 말할 수 있다. 이런 새로운 체계가 이성을 모든 사람이 가진 특성으로 파악한 점에서 특정한 소수의 사람만이 이성을 소유할 수 있다는 플라톤주의에 근거한 온정적 간섭주의와 상반된다. 모든 인간이 정신적 능력을 평등하게 가지고 있다면, 정신적 능력에 의해 생겨나는 권위의 우열은 없을 것이다. 따라서 각자는 각자의 판단에 따라 결정하며, 그 판단은 자신의 이성적 능력에 의해 그 정당성과 권위를 갖는다. 모든 개인이 동등한 정신적 능력을 가지고 있다면, 자신과 관련된 결정을 타인에 의존할 필요는 없다.

## 의료에 있어서 온정적 간섭주의와 계약론적 견해

의료윤리에서 의사와 환자의 관계는 매우 중요한 주제 중 하나이다. 오래 전부터 의사와 환자의 관계에는 온정적 간섭주의가 주류의 이념이었다. 계몽 정신이 온정적 간섭주의의 이론적 토대인 이성 담지자로서 특정 존재만을 인정하는 특정한 이성주의를 거부한 이후에도 의사와 환자 관계에서 온정적 간섭주의는 여전히 오랫동안 지속되어 왔다.

의료에서 온정적 간섭주의는 사상사적으로는 플라톤과 중세 시대에 지배적이었던 이성의 독점적 지배에 근거하고 있는 이념이다. 즉 의료는 지성적 능력이 뛰어난 사람이 담당하는 영역으로, 이에 걸맞는 사람만이 의사가 된다. 그렇기 때문에 의사는 환자에게 좋거나 이익이 되는 모든 것을 알고 있으며, 그러한 것을 행하는 사람이다. 따라서 환자는 의사가 지시하고 명령하는 바를 묵묵히 실행에 옮기면 된다. 모든 것은 의사가 알아서 해줄 것이다. 환자는 의사가 시키는 바대로 하고 묵묵히 받아들이며 처분만 바라면 된다. 이러한 의사와 환자의 관계에서 온정적 간섭주의는 히포크라테스 선서를 통해 강조되고 지속되어 왔다.

의료에서 의사와 환자의 관계에서 온정적 간섭주의가 최근까지 지속되어 온 반면, 사상사적으로 온정적 간섭주의는 계몽주의를 통해 그 힘을 잃었으며, 특정한 극소수의 영역에서 그 명맥을 유지하고 있다. 온정적 간섭주의가 명맥을 유지하고 있는 영역이 있기는 하지만, 이미 이념으로서 그 힘은 너무도 미약해서, 사회 속에서 영향력은 무시해도 될 정도이다. 또한 명맥을 유지하고 있는 영역에서조차 반대와 거부의 목소리는 점차 커져가고 있다.

온정적 간섭주의에 대한 반대와 거부의 목소리가 커져가는 가장 큰 이유 중 하나는 사회 구성원들이 이성적 능력 또는 지적 능력이 매우 향상되었다는 점에서 찾아야 한다. 모든 이성적 존재는 이성적 능력 또는 지적 능력이 커감에 따라 자신과 관련된 모든 결정 사항에 있어서 자율적 판단을 하고자 열망한다. 이것은 한 개인이 어린이, 청소년, 성인으로 성숙해 감에 따라 자신의 문제에 대해 스스로 판단하고 결정하며, 이에 책임을 지려는 성향으로 미루어 추론할 수 있는 일이다. 그렇다면 모든 사람이 자신의 능력이 허용하는 한, 자신과 관련된 사회적 문제에서 자신의 판단과 결정이 존중받기를 원한다고 생각하는 것은 매우 자연스럽다.

의료 지식이 습득하기 어려운 것은 말할 필요도 없으며, 심지어 그 용어조차 이해하기 어려운 것이 사실이다. 이러한 특성 때문에 오래 동안 의료에서 온정적 간섭주의가 유지될 수 있었다. 그러나 서구 선진국은 시민 개개인의 지적 능력이 향상됨으로써, 이제 의사와 환자의 관계에서 온정적 간섭주의 이념을 포기하거나 거부되고, 환자의 자율성을 거부하는 계약론적 견해로 진행해 갔다. 그러나 안타깝게도 우리 사회는 아직도 의사와 환자 관계에서 온정적 간섭주의가 유지되고 있으며, 이로 인해 상당한 혼란이 야기되고 있다.

온정적 간섭주의에서 의사의 의무와 권리, 환자의 의무와 권리는 계약론적 견해에서 의사의 의무와 권리, 환자의 의무와 권리와는 매우 다르다. 아직 의사와 환자의 관계에서 온정적 간섭주의가 유지되고 있기 때문에, 의무와 권리의 관계가 혼란을 겪고 있는 듯이 보인다. 예를 들면, 특히 온정적 간섭주의에서는 의사에게 아버지가 자식에게 지는 것과 같은 보다 강력한 의무가 부가되고, 환자에 대해서는 거의 절대적인 지배력을 행사하게 된다. 그러나 현재 우리 사회는 의사에게 강력한 의무가 부가되고, 환자에 대한 지배력은 거의 가지고 있지 못한 것처럼 보인다.

예를 들면, 국내 최고의 병원이라고 자임하는 한 병원이 백혈병 환자에 대해 수술을 그 보호자에게 건의했으나, 보호자들이 승낙하지 않아서 수술할 수 없었다. 상당한 시간이 지난 후 환자가 더 악화되어 결국 수술 적기를 놓쳐 수술했으나 1년 후 사망한 환자가 있었다. 그 환자의 보호자들은 피해 보상을 요구하는 소송을 제기하였다. 법원은 병원 측에 그 보호자들에 보상금을 지급하도록 판결하였다. 법원의 판결은 아마도 병원과 의사가 온정적 간섭주의에 의한 입장에서 수술을 강제했어야 한다고 판단한 듯하다.[11] 그러나 병원과 의사가 수술을 강제할 수 있을 만큼 환자에 대한 실질적 지배력이 있으며, 법원이 그 지배권을 인정하고 있는가?[12] 현실은 이와 전혀 다르다는 것이 문제이다. 더구나 법원도 의사에게 그런 지배권을 인정하지 않는다.

위의 사실만 놓고 볼 때, 의사와 환자의 관계에서 온정적 간섭주의가 지배적인 견해라는 것을 받아들인다할지라도, 환자에 대한 의사의 강제력이 얼마나 보장되느냐에 따라 환자나 그 보호자의 비합리적인 판단을 거부하고 의사가 환자에게 이익인 바를 해야 할 의무의 정도가 결정될 것이다. 환자에 대한 배타적인 강제 권한 없이, 의사에게 환자나 그 보호자의 의사에 반하는 진료를 해야 할 의무를 부가하는 것은 불합리하다. 왜냐하면 할 수도 없는 것이 의무가 될 수는 없기 때문이다. 할 수도 없는 것을 의무로 강요한다는 것은 "할 수 있는 것만이 의무로 강요될 수 있다"는 윤리학의 대명제를 위반하는 것이다.[13] 그리고 이 대명제는 법에서도 전적으로 유효하다.

이런 사안을 의사와 환자의 관계에 대한 계약론적 입장에서 고찰한다면, 의사는 수술에 동의하지 않는 부모의 결정을 존중해야 한다. 이런 부모의 결정은 의사의 행위를 제한하며, 동시에 의사의 의무의 범위를 한정해 준다. 의사가 인도적인 측면에서 수술을 다시 한번 권할 수는 있으나, 그 수술을 강제하지 않았다고 의사로서 의무를 다하지 못한 것은 아니다. 계약론적 관점에서 보면 이런 판결은 애초에 가능하지도 않다.

우리 사회 구성원들도 이제 지성적 능력의 상승은 세계 어느 나라 못지않을 뿐만 아니라, 그 이상이라고 해도 과언이 아닐 정도이다. 이런 지적 능력의 상실은 자신의 문제에 대해 자신의 의견을 개진하고 그 의견이 수용되기를 바라는 쪽으로 진행되어 왔다. 이제 환자는 자신의 자율적 판단이 존중되기를 끊임없이 요구할 것이다.

환자가 자신의 자율적 판단이 존중되기를 요구한다는 것은 의료에서 의사와 환자의 관계에서 온정적 간섭주의가 막을 내리고 있다는 것을 내재적으로 함축한다. 왜냐하면 이러한 경향은 환자에 대한 의사의 지성적 능력 독점의 시대가 끝나고, 환자 역시도 지성적 능력을 가지고 자신에 대한 합리적 판단을 할 수 있는 존재라는 것을 인정해야 하는 새로운 시대의 개막을 의미하기 때문이다.

## 의사와 환자의 관계 모델

의사와 환자의 관계를 살펴보는 방식은 여러 가지가 있을 수 있다. 첫째, 가장 흔히 사용되는 분류 방식으로 로버트 비치Robert

Veatch가 구분한 방법이다. 둘째, 온정적 간섭주의의 견해와 호혜적인 견해로 구분하는 방법이다. 셋째, 온정적 간섭주의에 의한 환자의 복지를 중시하는 견해와 환자의 자율성을 존중하는 견해로 구분하는 방법이다. 그러나 둘째와 셋째는 기술하는 방식과 순서가 다를 뿐 그 본질적 내용은 크게 다르지 않은 듯이 보인다. 따라서 여기서는 둘째와 셋째를 하나로 묶어서 설명할 것이다. 이 장에서는 단지 의사와 환자 관계 모델들의 주요 특징을 고찰하게 될 것이다.

## 비치가 구분한 의사와 환자의 관계 모델

비치는 의사와 환자의 관계를 (1) 기술자 모델, (2) 성직자 모델, (3) 협조자 모델, (4) 계약자 모델로 구분하여 설명한다.[14]

### 기술자 모델The engineering model

비치에 의하면 이 모델은 의사를 응용 과학자로 간주한다. 의사는 과학자로서 환자를 치료하는 방법에 있어서 가치의 문제를 전혀 고려할 필요가 없다. 의사는 단지 수도관을 고치는 기술자처럼 행동하면 그만이다. 병의 원인, 진행 과정, 치료 방법 등만 생각하고 그 밖의 여타의 윤리적 요소나 인간적인 요소에는 관심을 갖지도 않으며 관심을 가질 필요도 없다. 이러한 모델에서는 환자는 생물학적 기계일 뿐이며, 의사는 환자를 다룰 수 있는 기술적으로 그리고 기계적으로 훌륭한 자격을 갖춘 기술자이다. 굳이 덧붙이자면 이 모델에서 의사는 유능한 수리공에 견줄 수 있을 것이다. 물론 이 모델은 의사가 질병 자체를 다룰 때 비교적 잘 적용될 수 있는 모델이기는 하다. 그러나 의사가 환자와 관련하여 내려야 할 판단은 질병 자체에 대한 판단에 한정되는 것이 아니다.

실제로 의사는 가치문제에서 자유로울 수 없다. 의료 행위에서 실천적 결정은 가치에 대한 고려를 피할 수 없다. 예를 들면 위약의 사용에 관한 문제, 치료 시기와 중단 시점에 관한 문제는 의학적 결정일 뿐만 아니라 가치의 문제이기도 하다. 의사들은 의료와 관련된 선택과 결정을 하면서도 특정한 가치 체계에 의존할 수밖에는 없다.

### 성직자 모델The priestly model

성직자 모델은 의사의 역할을 성직자나 부모의 역할과 같은 것으로 생각한다. 이 모델에 따르면 의사는 성직자와 같이 환자에게 선을 베풀고 언제나 인간적인 애정과 선한 마음을 가지고서, 환자의 선을 적극적으로 증진시켜야 한다. 그리고 의료 영역에서 선행의 원리나 선행의 의무로 알려져 있는 "환자에게 이익을 주고 해를 입혀서는 안 된다"는 윤리적인 원리를 강조한다. 또한 의사의 진료실이나 병원은 어느 정도 성스러운 분위기를 풍겨야 한다. 그러나 의료윤리의 원리로 알려져 있는 환자의 자율성 존중은 이 모델에서 기대하기 어렵다. 또한 개인적 자유의 보호, 개인의 존엄성 보존, 진실을 말하고 약속을 지키는 것, 정의를 유지하고 회복시키는 것 등이 무시될 수 있다.

### 협조자 모델The collegial model

협조자 모델에 의하면 의사와 환자는 환자의 건강을 유지하고 질병을 제거하는 공동 목표를 추구하는 이상적인 협조자이다. 의사와 환자는 상호 존중하면서, 신뢰를 바탕으로 환자의 질병에 대한 해결을 도모한다. 이 모델은 얼핏 가장 바람직해 보일 수 있다. 그러나 의사와 환자가 실제로 상호 존중하면서 신뢰를 쌓아 공동의 목표인 환자의 질병을 치료해 나가는 것이 현실적으로 가능한 것인지에 대한 의문이 제기될 수 있다. 의사와 환자가 이런 친밀감을 형성하기 위해서는 친밀감 형성과 관련한 여러 조건들이 만족되어야 할 것이다. 어쩌면 이러한 조건은 친구로서 우정이 형성되기 위해 필요한 여러 조건들이 필요할 것이다. 그러나 의사와 환자가 친구로서 우정을 쌓는 것은 불가능해 보인다. 그리고 질병을 치료하기 위해서 의사와 환자가 친구로서 우정을 형성할 필요도 없을 것이다.

### 계약자 모델The contract model

계약자 모델은 환자와 의사를 동등한 상대자로 인정하는 유망한 모델이면서도 협조자 모델처럼 유토피아적 협력 관계를 가정하지 않는다. 이 모델에서는 구체적인 계약을 핵심적 사안으로 여긴다. 그러나 그 계약은 단순히 법적인 것만이 아니라, 종교 또는 혼인의 의미에서 전통적인 서약과 같은 종류의 것이다. 이런 계약은 자유, 존엄성, 진실 말하기, 약속 지키기, 정의에 기초하고 있다. 그리고 계약 이행과 관련한 신용과 신뢰가 있어야만 한다. 신용과 신뢰가 전혀 없다면 계약 자체가 성립할 수 없을 것이다. 그러나 이 모델은 계약의 방법과 그 내용에 관한 문제가 해결되기 어려운 것으로 남아 있다. 즉 어떻게 계약을 맺으며, 그 계약에 어떤 내용이 포함되어야 하는지 알기는 쉽지 않다.

의사와 환자의 관계를 이상과 같은 4가지의 모델로 분류한 비치는 오직 계약자 모델에서만 윤리적 권위와 책임이 진정으로 공유될 수 있다고 믿었다. 왜냐하면 기술자 모델에서는 의사가 도덕적 판단을 포기해야 하며, 성직자 모델에서는 환자가 도덕적 지위를 확보할 수 없고, 협조자 모델에서 의사와 환자의 평등은 지나치게 이상적이어서 그저 이념으로만 제시되어 있을 뿐 현실적으로는 그냥 방치되어 있는 것이나 마찬가지이기 때문이다. 그러므로 계약자 모델이 진정한 의미의 의사와 환자의 평등을 실현할 수 있는 유일한 대안이다.

## 온정적 간섭주의와 호혜적인 입장

이제 의사와 환자의 관계를 온정적 간섭주의와 호혜적인 견해로 구분하여 살펴보고, 이 두 입장을 서로 비교해 보는 것은 의사와 환자의 관계와 이들의 윤리를 파악하는 데 도움을 줄 것이다. 이들 각각의 견해는 의료윤리에서 중요하면서도 핵심적인 원리를 자신들의 대표 원리로 제시하고 있다. 온정적 간섭주의는 선행의 원리를, 호혜적인 견해는 환자의 자율성 존중의 원리를 대표하고 있다. 또한 여기에서 호혜적 견해는 계약론적 견해와 매우 친밀성을 가진다. 비치의 모델들을 여기에 대입시켜 보면 기술자 모델과 성직자 모델은 온정적 간섭주의에 속하고, 협조자 모델과 계약자 모델은 호혜적인 입장에 속한다.

### 온정적 간섭주의 Paternalism

히포크라테스 선서는 종교적 서약 형식을 취하고 있는 온정적 간섭주의를 대변하고 있는 기록이다. 히포크라테스 선서는 그 동안 의사들의 윤리 규약의 근간이었다. 이 선서는 환자의 이익을 최우선으로 하고, 환자가 고통에서 벗어날 수 있는 행동을 하도록 의사에게 요구한다. 그러나 환자의 권리에 대해서는 전혀 언급조차 하지 않는다. 지난 세기 중반까지도 세계의 여러 나라 의사 협회가 제시한 규약들도 히포크라테스 선서에 근원을 두고 있었다. 그래서 이 규약들이 환자의 관계에서 의사의 지침이 될 수 있는 규칙과 덕목을 분명하게 말하고 있다고는 하지만, 환자의 권리에 대해서는 침묵하고 있었다. 이런 규약에 따르면 의사는 환자의 복지를 증진해야 한다. 그러나 자신의 복지를 결정할 수 있는, 또는 자신의 복지에 영향을 미치는 결정에 참가할 환자의 권리에 대해서는 아무런 언급도 하지 않았다. 물론 의사 자신들의 권리에 관해서도 별다른 언급은 없었다.

온정적 간섭주의는 환자의 복지를 의료와 관련한 판단에서 최우선적으로 고려하는 입장이다. 즉 의사는 환자와 그 가족의 이익이 무엇인지를 가장 잘 알고 있으며, 따라서 이들의 이익에 봉사할 수 있는 최고의 위치에 있다. 그렇기 때문에 의사는 환자와 그 가족의 어버이에 비견될 수 있다는 것이다. 달리 말해서 의사는 오랜 기간 특별한 훈련을 받았기 때문에 최고의 의학 지식을 가지고 있다. 이 때문에 치료와 진료에 있어서 환자와 그 가족의 최고 이익이 무엇인지를 결정할 수 있는 최고의 위치에 있다. 이런 견해는 '의사는 항상 최고의 것을 알고 있다.'는 생각을 받아들인다.

온정적 간섭주의를 지지하는 논증은 다음과 같이 요약해 볼 수 있다.

(1) 환자는 육체적, 정신적 질병과 상처를 치료할 수 있는 전문적인 의학 지식을 가지고 있지 않다. 따라서 환자는 자신에게 최고인

것이 무엇인지 알 수 있는 방법이 없다.

(2) 의사는 오랜 기간, 철저한 전문 교육을 받고 경험도 풍부하기 때문에, 질병과 질환의 특성을 잘 알고 있다. 따라서 환자는 의사의 결정에 전적으로 따라야 한다.

(3) 입원과 검사와 관련한 모든 결정과 이에 따른 정보를 포함한 환자의 치료에 대한 모든 결정은 전적으로 의사에게 맡겨야 한다. 따라서 환자는 의사를 신뢰해야 하며, 치료에 대해 간섭해서는 안 된다.

온정적 간섭주의에 의한 환자에 대한 의사의 지위는 비대칭이며 계층적이다. 즉 의사는 환자에 대해 상위의 권위를 갖고서 일방적인 명령을 하달한다. 환자는 단지 이에 따르기만 하면 된다. 환자가 자신의 질병 치료에 관여하거나 간섭하려 해서는 안 된다. 왜냐하면 의사는 질병과 관련한 여러 활동에 대한 전문적인 지식을 가지고 있는 절대적인 권위자로서, 이에 근거해서 환자라는 어린 양을 잘 보살필 것이기 때문이다. 이것은 성직자로서 의사와 참회자로서 환자를 연상하게 한다. 비치의 기술자 모델과 성직자 모델이 여기에 속한다. 두 모델이 환자에게 최고의 것을 할 수 있다는 점에서 그러하다.

온정적 간섭주의는 두 가지 형식으로 구분해 볼 수 있다.[15]

첫째, 부모와 유아의 관계 : 의사의 역할이 능동적이고 환자의 역할은 수동적이다. 환자는 보살핌을 받는 의존적 존재일 뿐이다. 이것은 환자가 마취 상태, 정신적 쇼크, 혼수상태 등에 처해 있을 때 잘 적용될 수 있다.

둘째, 부모와 청소년의 관계 : 의사는 하고자 바라는 바를 환자에게 설명함으로써 환자를 이끌어 간다. 그리고 환자는 복종할 수 있는 정도까지 협력한다. 의사는 환자에게 치료 과정을 가르쳐 준다. 그러나 환자는 복종할 수도 있고 거부할 수도 있다. 이것은 급성 전염병을 치료하는 외래 환자의 상황에 적용된다.

첫째 형식은 강한 온정적 간섭주의에 해당하고, 둘째 형식은 약한 온정적 간섭주의에 해당한다.[16] 어쨌든 결과적으로 온정적 간섭주의는 환자를 존중하기보다는 보살핌에, 환자의 권리보다는 환자의 필요에, 자율성보다는 의사의 판단을 더 중요시한다. 온정적 간섭주의에 근거하면, 의사는 환자의 치료에 전적인 권한을 갖는다. 그리고 이런 권한에 상응하는 의무가 부가된다. 이 견해에 의해 부가되는 의사의 의무는 모두 실행하기 어려운 정도에 이를 수도 있다. 성직자와 부모의 의미를 되새겨 본다면, 이에 비견되는 의사의 의무를 가히 짐작할 수 있을 것이다.

예를 들면, 온정적 간섭주의하에서 의사는 병든 모든 환자의 치료를 위해 매우 적극적으로 진료 환경 개선과 질병 치료를 위해 노력해야 한다. 부족한 의료 자원을 확보하기 위해서도 매우 적극적으로 행동해야 한다. 문제는 적극적으로 행동했음에도 의료 자원을 확보하지 못하는 경우, 비록 이것이 불가피한 일이었다 할지라도 이로 인해 고통을 받는 환자가 있다면 그것은 의사의 책임이 된다는 것이다. 또한 의료 자원의 미시적 할당과 관련해서도 온정적 간섭주의에서는, 의료 자원의 부족에 의해 환자의 고통을 방지할 수 없는 경우에도, 의료 자원의 부족은 의사의 책임이 크기 때문에 이론적으로 의사는 도덕적 책임에서 벗어날 수 없을 것이고, 이에 따라 도덕적 비난을 받을 가능성이 커진다. 왜냐하면 어린 자식의 고통은 그 고통 해결이 얼마나 어려운 일이든 부모가 감소시켜야 할 것으로 통상 생각되기 때문이다.

온정적 간섭주의는 고대와 중세의 낡은 관념에서 벗어나지 못한 견해이다. 즉 이러한 견해는 플라톤의 이데아를 알고 있는 철인 통치자를 연상시키며, 신에 대한 최고의 권위자로서 성직자와 의료의 최고 권위자를 대비시켜 의사의 무조건적 권위를 주장하는 견해를 유지하고 있다. 과연 이런 권위가 현대에도 여전히 유효할 것인가? 그렇지 않을 것이 분명하다. 현대는 직업 자체, 즉 종사하는 일 자체에 권위를 부여하지 않으려는 경향이 점차로 커지는 추세에 있기 때문이다. 오히려 현대 사회에서 이러한 견해는 의사에게 매우 불리한 견해라고 생각한다. 왜냐하면 온정적 간섭주의를 받아들인다면 호혜적 견해와 비교해서 상대적으로 권리는 보잘것없고 의무만 강조되기 쉬우며, 이에 따라서 기의사의 권위와 권리는 박탈되고 의무만 남게 될 것이기 때문이다.

### 호혜적인 입장Reciprocal view

최근의 생명 의료윤리학에서 논의되는 가장 특징적인 내용은 환자의 권리, 즉 환자의 자기결정 권리에 관한 것이다. 환자의 권리는 환자의 '자율성 존중 원리'에 관한 논의의 핵심 내용이기도 하다. 환사의 권리와 자율성이 논의된다는 것은 환자에 대한 의사의 태도에 변화가 있었다는 것이며, 또한 그러한 태도의 변화를 요청하는 것이기도 하다.

이러한 태도 변화는 의사의 책임과 권위에도 변화가 있을 수 있음을 시사하고 있다. 호혜적 입장은 치료란 하나의 팀에 의해 행해지는 의학적 활동으로 이해한다. 치료를 위한 팀에는 환자와 환자 가족도 포함된다. 그리고 의사, 간호사 그리고 여타의 의료인들은 환자와 그 가족에게 최고의 것을 행하기 위해서 서로 협력한다.[17]

호혜적 입장을 지지하는 논증은 다음과 같이 요약될 수 있다.

(1) 의사는 신도 아버지도 아니다. 의사는 환자 치료에 있어서 중요한 요소인 특별한 교육과 훈련 그리고 경험을 가진 인간이다.

(2) 엄격히 말하면, 환자의 치료와 그 가족과 관련한 많은 결정은 의학적인 것이 아닐 수 있다. 따라서 이러한 것들을 의사 혼자서 결정해서는 안 된다. 의사는 다른 의료인, 즉 간호사, 심리치료사, 물리치료사, 간호보조원 등의 도움을 받을 필요가 있다. 또한 의사는 환자와 그 가족들을 치료를 위한 단순한 대상으로만 대하기보다는 인격적 존재로 대우해야 한다.

(3) 이러한 결정에서 가장 중요한 것은 환자의 육체와 삶이기 때문에 자신의 치료와 관련하여 자유롭게 선택할 수 있는 환자 개인의 권리를 인식하는 것이 중요하다. 이러한 환자의 권리는 '절대적'인 것은 아니지만 우선권이 있다. 이러한 환자의 권리를 목록으로 만들 수 있다. 치료를 거부할 권리를 포함하여, 치료와 관련된 결정에 적극적으로 참여할 권리 이외에도 정중하게 존중받을 권리도 역시 가지고 있다. 또한 진단, 치료, 예후에 관한 정보, 어떤 절차에 따라 치료가 이루어지는지에 관한 충분한 정보

를 가지고서 동의하기 위해서 정보를 요구할 권리를 가지고 있으며, 의학 실험에 대한 충분한 앎에 대한 권리와 이것을 거부할 권리를 가지고 있다.

호혜적인 입장은 환자도 의사도 혼자서는 최고의 것을 알 수 없으며, 치료 그리고 의료와 관련된 결정은 전체적, 온정적이라기보다는 상호적이어야 한다는 것을 강조한다. 전문가가 그 영역에서 최고의 것을 알고 있다는 것은 명백하지만 그들은 환자와 그 가족과 그들의 정보와 경험을 공유해야 한다. 치료와 관련하여 환자와 그 가족들도 중요한 자격을 부여 받는다. 이런 방식에서 치료와 의료의 적절한 대안들이 추천될 수 있다. 그리고 적절한 결정이 완성될 수 있다.

그러나 환자가 얼마나 충분한 정보를 가지고 있든 환자가 의료에 관한 모든 것을 알지 못한다는 것은 분명하다. 어떤 영역은 전문가에게 맡겨야 한다. 그러나 그들이 충분한 정보를 가지고 있다면 자신의 치료 그리고 의료와 관련한 결정을 내릴 상당한 자격이 있다는 것 또한 분명하다. 환자도 어떤 부분에 있어서는 자신과 관련하여 최고의 것을 알고 있다. 달리 말해서 환자와 그 가족은 자신에게 영향을 미칠 수 있는 모든 전문적인 사항을 통보받을 자격이 있다. 그래서 환자와 그 가족은 이에 근거해서 중요한 결정을 내릴 수 있게 된다. 이런 견해에 따르면 결정이 필요한 모든 사안에 있어서 치료 그리고 의료의 대안적 방법들에 대한 충분한 논의와 자유로운 의사 교환을 통해 환자 또는 그 가족 그리고 의사가 참여하여 최종 결정에 도달해야만 한다. 그렇다면 호혜적 견해에서 환자에 대한 의사의 지위는 대칭적이며 수평적이다. 의사는 환자에게 일방적인 명령을 하달하는 것이 아니라 서로 협조하고 존중한다.

호혜적 입장의 대표격인 계약자 모델이 매우 바람직한 의사와 환자의 관계 설정이라고 주장된다.[18] 의사와 환자의 권리와 의무의 한계를 명료하게 설정하지 않으면 이에 따른 소모적 논쟁에 휘말리게 되고 의료의 핵심적인 사안인 치료의 효과를 약화시키는 상황이 초래할 가능성이 크다. 계약에 기초한 호혜적 입장은 온정적 간섭주의에서 의사가 갖는 무제한적 권리를 제약하고, 의무의 한계를 보다 분명하고 명확하게 설정해 낼 수 있다.

호혜적인 입장이 권리와 의무의 한계를 명확하게 밝힐 수 있다면 온정적 간섭주의보다 호혜적인 입장이 더 전도유망하다는 주장은 설득력을 갖게 될 것이다. 예를 들면 부족한 의료 자원에 의해 고통 받는 환자들이 있는 경우에, 계약에 기초한 호혜적 입장을 받아들인다면 부족한 의료 자원을 확충하기 위한 노력을 해야 하겠지만 부족한 의료 자원을 불가피하게 확충하지 못했다고 해도 의사가 의료 자원 확충에 상당한 노력을 기울였다면 이에 대해 비난받지는 않을 것이다. 계약론적 입장에서 의사의 의무는 최선을 다하는 것이지, 어버이가 자식에게 하듯이 의사가 환자의 상황을 개선하기 위해 모든 것을 다해야 하고, 반드시 개선해야 하는 것은 아니다. 그러나 온정적 간섭주의는 그 이유가 무엇이든 의료 자원을 확충하지 못한 경우 비난을 면할 길이 없다. 왜냐하면 어버이로서 의사는 자식으로서 환자의 모든 상황을 개선할 의무가 있기 때문이다. 온정적 간섭주의에서는 심지어 의사가 의료 외적 문제에 관련해서도 환자의 고통을 해결해 주어야 한다는 주장이 상당한 설득력을 가질 수 있다.

## 의사와 환자의 올바른 방향 설정

최근의 많은 논의는 의료윤리의 전통적 규약이었던 온정적 간섭주의를 비판하고 문제점을 지적하고 있다. 환자의 복지 증진을 강조하고 환자의 자율성을 존중하지 않는 온정적 간섭주의 모델은 오늘날 세계에 더 이상 적합하지 않다. 전 세계의 모든 선진국은 계약자 모델로 이행해 갔다. 현재 우리나라도 비록 의사와 의사 단체가 선언한 것은 아니라할지라도 어떤 의미에서는 계약자 모델로 이행해 가고 있는 과정 중에 있다. 많은 의사가 인정하든 그렇지 않든 계약자 모델의 이행은 부정할 수 없는 사실이다.[19]

그럼에도 불구하고 많은 의사가 계약자 모델로의 이행에 불만을 표시할 수 있다. 왜냐하면 온정적 간섭주의 모델의 매력도 상당하기 때문이다. 그렇다면 온정적 간섭주의 모델의 이점을 상당 부분 살리면서 계약자 모델의 이점도 역시 취할 수 있는 방법은 없는 것일까? 불가능한 것은 아닐 것이다. 내가 생각하는 온정적 간섭주의와 호혜적 입장의 장점을 취할 수 있는 방법은 두 가지이다. 그 두 가지 방법은 다음과 같다.

첫째, 온정적 간섭주의와 계약자 입장의 장점만을 취하는 것이다. 그러나 이 두 입장을 결합시키는 것은 간단한 문제가 아닐 것이다. 더구나 두 입장의 장점이라는 것도 어떤 가치 체계에서 바라보느냐에 따라 달라질 것이기 때문이다. 심지어 두 입장이 장점만을 선택히어 고이 놓더라도 그 장점들은 서로 상충할 수 있다. 결국 장점만을 단순하게 결합시키는 것은 전혀 도움이 될 수 없다. 그렇다면 두 입장 중 하나의 입장을 기초로 하고 다른 것을 보조적으로 도입하는 방법이 있을 수 있다. 즉 하나의 입장을 기초 삼고서 그 입장과 잘 부합하는 다른 입장의 장점을 선택하는 것이다.

상호 결합된 방식을 택한다할지라도 호혜적 입장이 일차적이거나 기초가 되어야 하고 온정적 간섭주의는 부수적이어야 한다. 그렇지 않고 두 입장이 역전되어 설정된다면 온정적 간섭주의에서 의사의 의무와 호혜적 입장에서 의사의 의무가 동시에 의사에게 부과되고, 각 입장에서 의사의 권리는 박탈되어 버리고 말 것이다. 이것은 의사와 환자를 비대칭적으로 존중하는 결과를 가져오게 될 것이다. 따라서 이러한 결합 방식을 받아들이는 것은 어리석은 결정이다. 의사와 환자의 권리와 의무를 동시에 존중할 수 있는 의사와 환자의 관계를 설정하고자 원한다면, 의사에게 의무만 이중으로 부가되고 권리는 전부 박탈하는 결합 방식을 선택하는 것은 어리석은 것이기 때문이다.

둘째, 덕 윤리의 관점에서 의사와 환자의 관계를 정립하는 모델을 찾아 볼 수 있을 것이다. 이 모델은 아마도 환자의 선을 증진하도록 할 것이다. 그리고 환자의 자율성을 존중하는 것이 하나의 덕이라는 점에서 존중되어야 할 덕목으로 간주할 것이다. 그렇다면 환자의 복지와 환자의 자율성 존중을 모두 얻을 수 있는 방법이 될 것이다. 그러나 문제는 이런 관점이 여전히 온정적 간섭주의가 아버지 또는 성직자라는 메타포에 의해 의사에게 부과되는 것처럼 보이는 의무, 특히 사익 추구의 금지 의무가 더 강화되는 것은 아닌지 의심해 볼 수 있다. 그러나 사적 이익을 분별하고 개인적인 이익을 추구하는 것도 하나의 덕목에 해당하기 때문에 이러한 문제는 발생하지 않을 것으로 보인다. 자신의 이익을 추구하지 않는 것은 어리석은 자일 것이며 유덕한 사람이 아니라는 것은 분명하다. 덕 윤리적 관점의 의사와 환자의 관계 모델 정립은 아직 미완성의 견해로 좀 더 많은 탐구가 이루어져야 할 것이다. 그러나 이 입장의 성공 가능성은 충분해 보인다.

# 제7장

# 분배적 정의와 의료

의료 재화의 분배는 거시적 분배와 미시적 분배로 구분된
다. 거시적 분배는 의료 자원을 위해서 얼마나 많은 돈이 지출되어야
하는지, 그리고 그것을 어떻게 분배해야 하는지를 결정하는 것이다. 즉
국가 GNP의 얼마가 의료부분에 할당되어야 하는지, 그리고 각각의 의
료 영역, 예를 들면 예방의학, 극빈자 의료지원, 재활의료 등의 영역에
어떤 비율로 할당되어야 하는지에 관한 것이다. 이것은 정부, 의회 의
료, 보험회사 그리고 의료 단체의 관심사이다. 미시적 분배는 구체적인
의료 현장에서 유용한 의료 자원을 누가 획득해야 하는지에 관한 것이
다. 예를 들면 입원 순위 결정과 같은 것들이다. 이것은 병원이나 의사의
관심사이다. 이런 문제를 살펴보기 위하여 먼저 분배적 정의 유형들을
살펴보고, 의료에서 분배적 정의가 어떤 의미가 있는지 논의힐 것이다.

## 분배적 정의

　　의료의 분배적 정의를 고려하면서 가장 먼저 살펴보아야 할 것은 정의의 일반적 개념이다. 그리고 재화의 소유와 관련하여 한 사회가 취하는 사회의 형태, 즉 공산주의 사회, 자본주의 사회, 또는 그 밖의 다른 형태의 사회 구조 형태에 따른 도덕적 평가의 문제, 그리고 이들 구조에 따라 강조하는 가치 개념의 문제를 고찰해야 한다. 그리고 이러한 사회 속에서 의료 재화가 어떻게 분배될 것인지를 살펴 볼 것이다.

### 정의 개념에 대한 일반적 이해

　　우리에게 누군가가 막연히 "정의란 무엇인가?"라고 묻는다면 이에 대답하기는 매우 어려울 수 있다. 사실 우리는 정의라는 개념에 대한 그저 막연한 생각을 가지고 있을 뿐, 분명한 개념을 가지고 있지는 않은 것 같다. 우리가 정의에 대한 분명한 개념을 가지고 있지 않은 이유가 정의에 대한 탐구가 없었기 때문은 아니다. 실로 "정의란 무엇인가?"라는 물음은 서양 철학의 출발 초기부터 제기되어온 물음이기 때문이다. 그렇다면 이 물음에 대한 대답의 어려움은 '정의' 개념 그 자체에서 기인한다고 말하는 것이 보다 적확할 것이다. "정의란 무엇인가?"라는 물음에 답하는 것이 어렵다면, "정의로운 상태는 어떤 상태인가?"라고 묻는다면 어떠할까? 이 물음에 답하는 것은 "정의란 무엇인가?"라는 물음과 비교해서 상대적으로 비교적 쉽다. 정의가 무엇인지를 직접적으로 알기 어렵다면, 차선책으로 정의로운 상태가 어떤 것인지를 알아봄으로써, 즉 정의로운 상태를 내새도 정의가 무엇인지를 인식할 수 있을 것이다.

정의로운 상태가 어떤 상태인가에 대한 대답은 일상 언어에서 다양한 주장으로 제기되고 있다. 예를 들면, 자유로운 상태가 정의라거나, 평등한 상태가 정의라거나, 형평에 맞는 상태가 정의라거나, 공정한 상태가 정의라거나, 공평한 상태가 정의라는 식으로 제기된다. 정의가 이렇게 여러 가지 상태로 주장된다는 것은 정의가 다양한 의미로 해석될 수 있다는 것을 뜻한다. 그러나 정의 개념은 구태여 설명하거나 그 의미를 밝힐 필요가 없는 기초 개념이다. 말하자면 정의 개념을 사용할 때, 이 개념을 설명해야 하거나 설명하도록 요구받는 경우에는 정의 개념 자체를 문제시하는 경우를 제외하고는 없다. 그러나 정의 개념의 기초 개념으로서의 지위는 이론적인 영역에 머무는 것이지, 실천적 영역에서는 어떠한 방식이든 이에 대한 설명을 필요로 한다.

그래서 정의 개념에 이러한 특성을 염두에 두고서 주목해야 할 점을 설명할 필요가 있다. 정의와 자유, 평등equality, 형평equity, 공정 또는 공평fairness이 동의어가 아니라는 것이 먼저 설명되어야 한다. 이들이 정의와 동의어라면, 그리고 위의 주장들이 한편으로 받아 들일만 한 것이라면, 자유, 평등, 형평, 공정 그리고 공평이 동의어가 되어 버린다. 물론 상당수의 사람들이 일상적인 의미에서 이 개념들을 동의어처럼 사용하는 경향이 있기는 하다. 일상적으로 많은 사람이 정의, 공정, 공평, 형평 그리고 평등을 동의어처럼 사용하는 경향이 있다. 아마도 이런 혼란은 정의와 공정이, 그리고 공정과 공평이, 그리고 공평과 형평이, 그리고 형평과 평등이 각각 동일한 음절을 가지고 있으며, 이것이 연쇄 고리를 형성하고 있는 데서 생겨난 것으로 보인다. 그러나 설령 일상적으로 이들이 간혹 동의어처럼 사용되는 경향이 있다하더라도, 이들의 일상적 사용과 이론적, 즉 학문적 용어로서의 사용은 구별될 필요가 있다.

평등과 형평이 일상적으로는 유사한 의미로 사용되기도 하나, 평등은 단순히 양적인 동일함을 의미하는 데 반하여, 형평은 비례적 동일함을 의미한다. 즉 평등은 개별자 a와 개별자 b가 어떤 재화의 동일한 양을 갖는 것인 반면에, 형평은 각자의 몫을 갖는 것을 의미하는 것으로 이것은 비례적인 동일함이다. 예를 들면 씨름 선수와 미스코리아에게 먹을 것을 동일하게 주는 것이 마땅치 않으며, 씨름 선수는 씨름 선수에 맞는 식사량이 있고 미스코리아는 자신에 맞는 식사량이 있을 것이다. 즉 자신에 맞는 자신의 몫을 갖는 것이 형평이다.

평등과 자유가 정의를 정의하는 개념으로 본격적으로 등장한 것은 프랑스혁명 이후이다. 프랑스혁명이 평등과 자유를 그 이념으로 내세운 후, 이 두 개념은 정치적 이념으로 자리 잡게 된다. 즉 한편에서는 평등을 실현하고자 하고 다른 쪽에서는 자유를 실현하고자 한다. 그러나 두 개념은 어떤 의미에서는 동전의 양면과 같은 것이다. 왜냐하면 종속되지 않은 자유로운 존재여야만 다른 존재들과 평등한 존재일 수 있으며, 평등한 존재여야만 다른 존재들로부터 자유로운 존재일 수 있기 때문이다. 따라서 자유와 평등은 상보적 관계를 가지고 있는 듯이 보인다. 그러나 다른 한편으로 자유를 크게 보장하면 불평등이 커지고 평등을 강조하면 자유를 억압하게 된다는 주장 또한 타당하다. 그렇다면 자유와 평등은 상보적이면서 상쇄하는 관계를 갖는다는 모순된 주장이 가능해진다.

이 두 주장을 동시에 인정하는 것이 모순이 되지 않게 하기 위해서는 평등과 자유를 두 측면으로 구별해야만 한다. 즉 자유와 평등을 권리의 문제와 재화 소유의 문제로 구분하여 논의해야 한다. 말하자면 권리의 문제에서 자유와 평등은 상보적인 관계이며, 소유의 문제에서 자유와 평등은 서로 상쇄하는 관계를 가지고 있다. 많은 곳에서 이 두 측면에서의 자유와 평등을 구분하지 않고 논의하기 때문에 독자들이 많은 혼란을 겪을 것으로 생각된다. 특히 존 롤스John Rawls의 정의의 원리를 이해할 때, 두 측면에서 자유와 평등을 구별하지 않는다면 상당한 혼란을 겪게 될 것이다.

남아 있는 개념이 공평과 공정이다. 이 두 개념은 일상적으로는 다르게 쓰일 수 있으나, 학술적 용어로는 이들을 통일하여 공정으로 사용하고자 한다. 이 개념은 롤스가 제시하는 것으로, 일상적으로는 주로 게임에 사용되는 개념이다. 롤스는 어떤 결과의 '정당함'을 평가할 기준이 없다고 주장한다. 즉 이미 결정되어 있는 단면slice적인 소유 상태가 부당한지 정당한지를 판가름할 길이 없다. 따라서 롤스는 절차적 정의를 제시한다. 말하자면 어떤 보편적으로 승인된 규칙에 따라 어떤 결과가 이루어졌다면, 그 결과의 상태가 어떠하든 그것은 공정하다는 것이다. 예를 들면 어떤 게임을 하기 위해서는 지켜야 할 규칙이 있고, 그 게임의 당사자들이 그 규칙을 잘 지켰다면, 그 게임의 결과는 공정하며, 이 공정한 상태가 정의로운 상태이다.

로버트 노직Robert Nozick은 분배에 있어서 정의로운 소유권 이론은 역사적이라고 주장한다. 즉 "분배가 정의로운가"는 이 분배가 어떻게 이루어졌는가에 달려 있다. 노직은 현재 시간 단면 원리에 따른 구조적인 원리에 의한 분배 상태의 정의를 인정하지 않는다. 따라서 공리주의식

정의 원리를 거부한다. 이것은 현재 시간 단면 원리를 채용한 복지(후생) 경제학적 정의도 거부되어야 한다는 것을 함축한다. 소유의 정의가 역사적이라는 것은 소유물의 최초 취득 그리고 소유물의 이전 과정이 정의로워야 한다는 것이다. 재화는 최초의 정의로운 소유자로부터 자발적 교환, 증여 등의 과정을 거쳐 이전된다. 그리고 그렇게 이전된 재화의 상태는 정의로운 상태이다. 그렇다면 노직의 정의 개념도, 설령 롤스와 조금 다르다할지라도 공정이라는 개념에 가깝다고 볼 수 있다. 왜냐하면 노직의 정의 개념 역시 어떤 과정의 정당함을 의미하는 듯하기 때문이다. 그러나 노직의 정의 개념은 롤스의 정의 개념과 실질적인 내용에서는 크게 다르다.

## 분배적 정의에 있어서의 자유, 평등, 형평, 공정

분배적 정의라는 용어는 중립적인 것이 아니다. 많은 사람이 분배라는 어휘를 사용할 때 어떤 기준이나 원리에 의존해서 분배한다고 생각한다. 이러한 기준이나 원리는 사회 체제, 분배에 있어서는 경제 체제에 의존하고 있다. 따라서 분배적 정의를 논하면서는 분배에 대한 경제 체제 자체의 도덕성과 각각의 체계에서 특정한 비도덕적 분배를 구분해야 한다. 우리는 본질적으로 비도덕적인 경제 체제를 주장하거나 선택할 수 없기 때문에, 예를 들면 노예제도와 같은 경제 체제는 고려 사항이 아니다. 다만 본질적으로 비도덕적이지 않은 경제 체제가 다수일 수 있다는 것은 쉽게 인정될 수 있다. 그렇다면 이 중 하나를 반드시 선택해야 한다는 도덕적 강제가 있을 수 있는가? 이러한 도덕적 강제는 없다고 생각하는 것이 합당해 보인다. 따라서 사회주의 모델도 자본주의 모델도 본래적으로 비도덕적이지 않다면, 이 중 하나를 선택하는 것은 이 모델이 주장하는 특정한 가치를 선택한 것일 뿐, 그 선택이 도 덕적 평가의 도마 위에 오를 필요는 없다. 그렇다면, 본래적으로 비도 덕적이지 않은 경제 체제를 구체적으로 논의할 필요도 없을 것이다. 그 렇기 때문에 여기서는 각 체제가 강조하는 가치와 이에 따른 특징을 고찰하고자 한다.

분배와 관련해서 자유를 강조하는 견해는 그 사회 구성원의 자발적 경쟁을 통해 그 사회의 재화가 분배되어야 한다는 입장이다. 재화는 시 장을 통해, 자유로운 경쟁을 통해 서로 교환함으로써 적절하게 분배될 것이다. 따라서 시장을 통한 자유로운 경쟁은 적절한 분배를 위한 필수 조건이다. 그리고 이런 자유로운 경쟁을 가로막는 인위적 장치는 분배 적 정의에 있어서 부정적 요소이다. 자유를 강조하는 입장에서 요구하 는 것은 단지 기회의 평등이며, 결과의 평등을 요구하는 것이 아니다. 평등한 기회가 제공되고 시장을 통해 자유롭게 경쟁할 수 있다면 정의 로운 상태이다. 따라서 자유로운 경쟁을 통해 불평등한 소유의 결과가 발생하더라도 재분배를 임의로 강제해서는 안 된다. 강제로 교정되어 야 하는 것은 타인의 침해나 불법적인 일과 같은 부정한 일에 한정될 뿐이다.

그렇다면 자본주의 체계에서 정의는 기회의 평등이다. 이것은 결과 의 평등을 요구하지 않는다. 가장 빠른 경주자가 누구인지를 결정하는 최고의 방법은 동일한 조건에서 모든 경주자를 경쟁시키는 것이다. 어 떤 사람은 가장 먼저 들어 올 것이고, 어떤 사람은 가장 나중에 들어 올 것이다. 그리고 중간에 들어오는 사람도 있다. 자본주의 체제는 업적, 진취적 기상, 활력, 지성 등 시장에 이점으로 작용하는 특징들에 보상한다. 이 체계 내에서 어떤 사람은 이러한 특징에 있어서 운이 좋고, 어떤 사람은 운이 없을 수 있다. 그러나 기회의 평등이 유지되는 한, 그리고 보상이 생산적 활동에 충분하게 보장되는 한 정의롭다고 말할 수 있다. 이 체제의 형식화는 참가하고자 하는 모든 사람은 참가할 수 있어야 하며, 그들은 투입량에 따라 보상되어야 한다.

자본주의에서 행운의 문제는 복잡한 문제를 발생시킨다. 따라서 행운의 문제를 간략하게 살펴보는 것이 도움이 될 것이다. 행운의 요소는 근대의 도덕 체계에서는 해결될 수 없는 난점을 가지고 있다. 따라서 이런 행운의 요소를 고려하지 않으려는 사회주의 체계가 도덕적이고 자유주의 체계는 비도덕적이라고 말할 수도 있을 것이다. 그러나 근대 도덕 체계가 행운의 요소를 배제하려고 노력하지만, 우리의 도덕적 감성은 여전히 행운의 요소를 평가의 요소로 은연중에 포함시키고 있다. 그렇기 때문에 근대 도덕 체계는 행운의 역설을 낳게 된다. 즉 근대 도덕 체계가 행운의 요소를 배제하려 한다고 해서 그 행운의 요소를 포함하고 있는 체계가 비도덕적이 되는 것은 아니다. 아리스토텔레스Aristoteles 윤리학은 행운의 요소를 적극적인 평가적 요소로 승인하고 있다.

자본주의에 반하는 사회주의에 관하여 살펴보아야 한다. 그러나 사회주의라는 용어는 일상에서 혼란되어 사용된다. 따라서 이런 혼란을 피하기 위하여 사회주의와 공산주의 개념을 비교하여 간략하게 설명할 필요가 있다. 많은 사람이 사회주의와 공산주의를 동일시하거나 혼동하고 있다. 그러나 사회주의와 공산주의는 동일한 것 아니며, 혼동해서도 안 된다. 경제 체제로서 공산주의는 과거의 소련 등이 무어라고 주장하든 성취된 적이 없다. 한편으로 정치 체제로서 사회주의와 경제 체제로서 사회주의를 구별하는 것은 매우 어려운 일이기는 하지만, 경제 체제로서 사회주의에 한정해서 본다면, 사회주의 체제는 자본주의 특징과 비견되는 세 가지 특징을 가지고 있다. 첫째, 산업화에 기초하고 있다는 것이다. 둘째, 개인적 상품의 사적 소유를 부정하지는 않지만, 생산 수단의 사회적 소유를 주장한다. 셋째, 중앙집권적 계획이 근간이 된다. 중앙집권적 계획을 배제하면 사회주의 모델과 자본주의 모델을 구별하기가 어려워 질 것이다. 아마도 이 세 번째 특징이 사회주의의 본질적 요소라고 할 수 있다.

사회주의 체제는 기회의 평등뿐만 아니라 비례적인 차등적 보상도 허용한다. 이 체제는 모든 사람이 보상을 받지만, 그 보상의 양을 제한하려는 경향이 있다. 즉 재산과 수입에 불평등이 크다면, 이것을 누그러뜨리려는 정책을 채택할 것이다. 노동에 종사하는 모든 노동자들은 그들의 기초적인 요구를, 즉 음식, 집, 의료, 옷, 교육 등을 보장받는다.

사실상, 분배와 관련하여 가장 오래되고 가장 일반적인 형식의 정의는 자신의 몫을 주는 것, 즉 동등한 것을 동등하게 그리고 동등하지 않은 것을 동등하지 않게 다루는 것이다. 이것은 아리스토텔레스에서부터 시작된 생각이다. 이것은 앞에서 말한 형평 개념과 부합한다. 말하자면 자신의 몫에 따른 분배가 형평에 맞는 것이고, 이것이 분배적 정의라는 것이다. 이런 입장이 얼핏 그럴듯하게 보일지 모르나, 사실은 심각한 문제를 가지고 있다. 즉 문제는 각자의 몫이 무엇인지 어떻게 아느냐는 것이다. 각자의 몫을 결정하기 어렵다면 결국은 형평에 맞는 분배는 실천적 의미가 없다고 할 수 있다.

각자의 몫을 정하기 어렵고, 따라서 형평에 맞는 분배가 실천적으로 어렵다면, 가장 간단하게 생각할 수 있는 방법이 평등한 분배이다. 즉 산술적으로 동등하게 나누어 갖는 것이다. 이러한 관점은 소유 결과의 불평등을 결코 인정하지 않으려는 의도를 가지고 있다. 그러나 평등한 분배가 통상 생각하는 것만큼 이상적인 분배 방법일까? 더구나 그들이 결코 인정하지 않으려 하는 소유 결과의 불평등을 발생시키지 않는 방법일까? 예를 들어 씨름 선수와 미스코리아에게 먹을 것을 동등하게 분배한다고 해 보자. 씨름 선수는 배고파할 것이고 미스코리아는 뚱보가 되거나 잉여 산물을 남기게 될 것이다. 누군가, 예를 들면 미스코리아는 분배받은 만큼의 양을 모두 소비하지 않고 적당히 소비한 뒤 비축하거나 다른 곳에 투자한다면, 시간이 지남에 따라 소유 결과의 불평등이 생겨날 것이 확실하다.

완전히 평등한 분배를 실현한다할지라도, 시간이 지남에 따라 결국에는 소유 결과가 불평등하게 된다는 점에서, 평등의 반대 개념으로서 불평등은 인간 사회에서 필연적인 요소이다. 실제로, 공산주의가 어떤 차별도 인정하지 않는 극단적인 이론이지만, 그 사회적 현실은 불평등이 존재하기 마련이다. 왜냐하면 공산주의의 이념인 평등한 분배를 실현한다할지라도, 곧바로 불평등한 상태가 될 수밖에 없기 때문이다. 미스코리아를 꿈꾸는 뚱보와 항상 굶주리는 씨름 선수의 존재는 불평등의 한 증거이며, 또한 검약의 미덕을 가진 자는 잉여 산물을 비축할 것이다. 그렇다면 소유 결과의 불평등을 발생시키지 않는 분배 방법은 없는 것일까? 레닌의 주장대로 '필요'에 따라 분배한다면, 소유 결과의 불평등을 야기하지 않고 소유 결과의 평등을 실현할 수 있을 것이다. 필요에 따른 분배는 각각이 분배받은 재화를 모두 소비하여 잉여산물을 발생시키지 않을 것이기 때문이다. 그러나 레닌의 이런 주장은 모든 사람이 필요로 하는 만큼의 생산이 뒷받침되어야만 한다.

그러나 필요를 모두 충족시킬 만큼 많은 생산이 가능할지는 의문이다. 이전의 공산주의를 표방하고 사회주의를 표방한 나라의 생산 수준이 침체하고 있는 현실을 생각해 보면, 현실적으로는 불가능하다는 주장이 더 설득력 있는 것처럼 보인다. 실제로 필요는 생산을 유발하는 직접적 요인은 아니다. 그래서 필요에 따른 분배는 생산성 향상을 기대할 수 없다. 오히려 생산을 직접적으로 유도하지 않는 분배는 그 재화의 생산을 저하시킨다는 것은 역사가 증명하고 있다. 그럼에도 필요에 따른 분배를 지속한다면, 극단적으로 말해서 '거지의 평등'에 이를 것이다. 물론 이런 빈곤한 평등이 비도덕적인 것은 아니다. 모든 사람이 평등을 강조하고 그 분배의 양에는 관심이 없을 수 있다. 그러나 모든 사람이 그렇게 바란다할지라도, '거지의 평등'이 과연 이성적이고 합리적인 것일까?

또한 재화가 필요하다는 것은 어떻게 결정될 수 있는가? 단지 요구한다고 해서 재화가 분배되어야 하는 것은 아닐 것이다. 그 재화가 그곳에 또는 그 사람에게 필요하다는 결정은 누가 어떻게 할 수 있는 것인가? 사회주의는 이에 대한 부담을 가지고 있는 것이 사실이다. 필요에 따른 분배가 정당하게 이루어지려면, 정당하게 분배하는 기관이 있어야 하고, 또 이를 통제하는 상위 기관 등이 있어야 한다. 따라서 비대한 관료제가 불가피하다.

롤스는 소유의 결과적 불평등의 정당성과 부당성을 평가할 방법이 없다고 주장하면서, 공정으로서 정의를 제시한다. 즉 이기적이면서 합리적인 존재가 무지의 베일 뒤에서 정의의 원리를 선택한다는 사유실험을 통해 정의의 원리를 찾고자 한다. 무지의 베일 속에 합의하는 우리는 이기적이면서 합리적인 존재이며, 우리의 선에 가치를 부여한다. 그러나 우리가 부자인지 가난한지, 상류계급인지 하류계급인지, 재능이 있는지 재능이 없는지, 신체적 정신적 결함이 있는지 그렇지 않은지, 백인인지 유색인종인지, 여자인지 남자인지를 알지 못한다. 우리가 사회에서 차지하는 위치를 알지 못하는 경우, 도출할 수 있는 정의롭거나 공정하다고 말할 수 있는 원리는 무엇일까? 이 물음에 대한 대답으로 롤스는 다음과 같은 정의의 원리를 제시한다.

첫째, 모든 사람은 다른 사람들의 유사한 자유와 양립할 수 있는 가장 광범위한 기본적 자유에 대하여 동등한 권리를 가져야 한다.
둘째, 사회적 경제적 불평등은 다음 두 조건을 만족시키도록 조정되어야 한다. a) 그 불평등이 모든 사람에게 이익이 되리라는 것이 합당하게 기대되고 b) 그 불평등이 모든 사람에게 개방된 직위와 직책에 결부되어야 한다.

첫째의 원리를 평등의 원칙이라 할 수 있다. 그리고 이 원리에 특별히 새로운 것은 없다. 둘째 원리는 사회적 및 경제적 가치 분배의 정당한 불평등의 기준을 밝히고 있다. 사회적 가치와 경제적 가치를 모든 국민에게 똑같이 고르게 분배하는 절대적 평등은 어느 사회에 있어서도 현실에 맞지 않다. 각 개인의 능력과 활동 또는 봉사의 차이에 따라서 그들의 대우에 어느 정도 차등을 두는 것은 부득이한 일이다. 그러나 그 불평등은 정당하다고 인정할 수 있는 범위 안에서 억제되어야 한다.

현대 사회에서 심각한 문제가 되고 있는 것은 사람들이 받는 대우에 차등이 있다는 사실이 아니라 그 차등이 정당한 정도를 훨씬 넘어서고 있다는 사실이다. 그렇다면 우리의 물음은 다음과 같다. 정당성을 인정받을 수 있는 불평등, 즉 정당한 불평등은 어떠한 것인가? 롤스식으로 제기해 본다면, 정당한 불평등은 어떤 원칙에 따른 불평등인가? 롤스는 이런 원칙으로 최소 극대화의 원칙을 제시한다. 이 최소 극대화의 원칙은 가장 현명한 선택 원칙이라 할 수 있다. 인간은 어떠한 위험 부담을 목전에 두고 언제나 가장 적은 위험 부담을 택하는 방향으로 행동한다는 것이다. 이것은 심리학적인 의미도 있다. 최악의 경우를 당하더라도 그중 가장 다행한 코스를 택하고 싶어 한다는 심리학적 사실에도 잘 부합한다. 중요한 것은 최소 극대화 원칙이 최소 수혜자에게 최대의 이익을 보장하라는 원칙을 근거로 작용한다는 것이다. 자신이 최소 수혜자가 되었을 때를 대비하여 이익을 보장해 두려는 취지를 갖기 때문이다.

부연하자면, 최소 극대화의 원칙은 매우 강력한 주장일 수 있다. 최소 수혜자에게 이익이 되는 경우에 불평등이 허용된다는 것과 최소 수혜자에게 최고의 이익이 되는 경우에 불평등이 허용된다는 것은 큰 차이가 있다. 만약 최소 수혜자에게 최고의 이익이 되는 경우에만 불평등이 허용된다면 불평등이 허용되는 사례를 찾기란 결코 쉬운 일이 아니다. 그래서 롤스는 최소 수혜자에게 줄 수 있는 몫 중에서 최대의 몫을 주는 경우에 차등한 분배가 정당화된다고 말한다. 최소 수혜자는 자신이 받을 합당한 몫, 즉 자기의 최대의 몫을 가질 때 최대 수혜자에게 더 큰 혜택이 돌아가는 것을 인정할 것이다.

## 의료의 분배적 정의

의료의 분배적 정의와 관련하여 이론적으로 가장 단순한 형태는 사회주의자들이 주장하는 분배 형태이다. 사회주의자들이 주장하는 의료의 분배 형태는 양적으로 동등한 분배나 필요에 따른 분배일 것이다. 그러나 의료 재화를 양적으로 동등하게 분배하는 것은 매우 불합리할 수 있다. 왜냐하면 의료 서비스가 필요 없는 건강한 사람에게 일정기간 일정량의 의료 서비스가 할당된다는 것은 매우 불합리하며, 많은 의료 재화의 낭비가 예상되기 때문이다. 다른 한편으로 사회주의자들이 주장하는 의료 서비스의 분배는 필요에 따른 분배이다. 이 분배 방식은 앞에서도 말했듯이 의료 재화 생산의 증가가 지속되어야 한다. 한 사회가 필요로 하는 것이 의료 재화뿐만 아니라 많은 것이 필요하다면, 즉 여러 다른 기초적인 재화에 대한 요구가 있다면, 의료 재화를 지속적으로 증가시키는 것은 현실적으로 어려울 것이다. 그리고 인간의 욕구는 무한하다는 점을 생각해 보면 의료 영역에서도 필요를 만족시키는 것은 불가능할 것처럼 보인다.

이런 점에서 사회주의자들이 주장하는 분배 형태는 큰 항목을 설정하여 이론적으로 고찰할 필요는 없다. 더구나 공산주의자들이 주장하는 극단적 형태는 더더욱 고려할 필요가 없다. 어차피 우리 사회가 자유주의 체제를 선택하였고 이 자유주의 체제가 비도덕적 체제가 아니라면, 우리의 입장에서는 한편으로 철저한 자유주의 입장을 고려하고, 다른 한편으로는 자유주의 입장에서 사회주의 입장을 어느 정도 수용하고 있는 입장을 살펴보는 것이 합리적이다. 후자의 입장은 롤스의 견해이다. 그렇지만 롤스가 의료 재화의 분배 문제를 구체적으로 언급한 것은 아니다. 그는 단지 순수 절차적 정의로서의 공정의 원리를 제시하고 있을 뿐이다. 따라서 여기서는 단지 롤스의 원리를 의료 재화에 단순히 대입시키는 수준에서만 논의할 것이다.

## 자유주의 체제에서 의료 재화의 분배

자유주의 이론은 실질적인 정의 이론보다는 자유로운 선택의 권리 이론에 근거하고 있다. 자유주의 체제에서는 다른 사람에게 이익을 주기 위해 국가가 강제로 재산을 빼앗을 수 없다. 즉 어떠한 경우이든 분배에 따른 강제는 있을 수 없다. 정의 이론은 강제 받지 않을 우리의 권리를 보호하는 역할을 해야 한다. 즉 자유주의에 따른 정의 이론은 재분배 제도를 통해 사회를 조절하려 하지 않는다. 자유주의자에게 있어서 자유로운 시장 이외에 다른 정의로운 분배 패턴은 없다. 의료 재화의 분배도 역시 마찬가지이다. 따라서 자유주의자들은 의료 자원을 개인이 사적으로, 그리고 자발적으로 구입할 수 있는 자유 시장체제를 선호할 것이다.

그렇다면 출생, 환경, 천부적 재능의 불평등은 자본주의 체계에서 어떤 위치에 있는가? 이러한 요소는 정의에 아무런 영향도 미치지 않는 것인가? 이러한 물음에 먼저 답해야만 한다. 왜냐하면 이런 우연적인 요소에 의한 행운과 불운이 사회적으로 중요한 재화의 분배 상태에 영향을 미치듯이, 질병도 이와 유사한 특징을 가졌으며 결과적 불평등을 야기하는 매우 중요한 요소일 것이기 때문이다. 질병에 시달린다면 사회적 약자가 되기 쉬울 것이다.

자유주의자들은 '단순한 불운merely unfortunate'과 '불공정unfair'을 구분한다. 그리고 출생, 환경, 천부적 재능에 의해 사회적 약자가 된 것은 단순한 불운에 의한 것이라고 말한다. 이런 자연적 조건은 달리기 경주에서 특출한 선수의 능력과 같다. 그것이 어떤 조건이든 그것이 그를 유능한 사람으로 만들었다면, 그에게 무엇인가 보상해야 한다. 반면에 타인의 침해에 의한 손상과 손해는 불공정이다. 이것은 사회가 강제로 교정해 주어야 한다. 사회의 강제가 정당한 경우는 이러한 불공정한 경우뿐이다. 단순한 불운에 의한 불평등은 강제로 재분배될 필요가 없으며, 강제로 재분배되어서도 안 된다.

의료 재화와 관련한 불평등은 세 부분으로 나누어 생각할 수 있다. 하나는 '질병에 따른 재화 소유의 불평등'이고, 다른 하나는 재화 소유의 불평등에 따른 '의료 재화 구입의 불평등', 그리고 '불운에 의한 의료 재화의 불평등'이다. 아마도 자유주의자들은 질병에 의한 불이익은 단순한 불운에 의한 것일 뿐이라고 주장할 것이다. 그렇다면 질병에 의한 재화 소유상의 불이익은 타인의 침해에 의한 손상과 손해가 아니기 때문에 사회가 강제로 그 불이익을 교정해야 하는 것이 아니다. 재화의 불평등에 따른 의료 재화를 구입하지 못한 경우는, 그 재화의 불평등이 자유주의 정의 원리에 부합하는 것이라면, 즉 재화를 불공정하게 소유한 것이 아니라면, 이 또한 사회가 나서서 강제하거나 간섭할 사안이 아니다. 의료재화의 구입은 모두 의료 시장 경제 흐름에 맡겨두어야 한다. 오히려 이것이 정의 원리에 합치한다. 또 다른 하나의 경우가 더 있을 수 있다. 즉 단순한 불운에 의한 의료 재화의 불평등이다. 이것은 단순히 운이 나빠서 의료재화를 구매하지 못하는 경우이다. 즉 출생지의 의료 시설의 미비, 제한된 의료 재화 때문에 늦게 병원에 도착하여 기기를 사용할 수 없는 경우, 충분한 연구가 되지 않은 희귀 질환에 걸려 충분한 치료를 받을 수 없는 경우 등도 단순한 불운이라고 할 수 있다. 이러한 경우는 모두 사회가 강제할 수 있는 사안이 아니다.[2] 물론 이런 불운을 최소화하기 위해 사회가 노력해야 할 필요가 있을 것이다.

## 롤스에 있어서 의료 재화의 분배

롤스는 공정한 원리를 도출하기 위하여 하나의 사유 실험을 제시한다. 그는 무지의 베일을 상정하고, 그 속에서 참여한 사람들이 합의에 의해 원리를 도출할 것이라고 주장한다. 무지의 베일이 의미하는 바는 합의에 참여하는 자는 자신이 부자가 될 것인지 가난한 사람이 될 것인지, 상류계급인지 하류계급인지, 재능의 유무, 신체적 정신적 결함, 인종, 성별 등 자신이 그 사회의 어떤 위치를 차지할 것인지에 대해 몰라야 한다는 것이다. 이것은 우연적인 요소를 배제하고자 하는 의도를 가지고 있다. 특히 자신이 어떤 지위에 있을지를 미리 안다면, 그 지위에 보다 많은 이익이 돌아가게 하기 위한 주장을 펼 것이다. 그렇게 되면 결코 어떤 합의에도 도달하지 못할 것이다. 그리고 롤스가 요구한 이런 조건은 모든 계층을 불편부당하게 다루고자 한 것이다. 이 점은 플라톤이 철인 정치가에게 요구했던 공유제의 정신이 말하고 있는 불편부당함을 연상시킨다.

그런데 무지의 베일을 쓰고 합의의 장에 참여한 사람들은 모두 이기적인 사람들이다. 오직 자기 이익만을 생각하는 이기주의자라야 한다. 그러나 이 이기주의자는 단순한 이기주의자가 아니라 합리적 이기주의자이다. 즉 자신의 이익을 위해 상대방의 이익을 존중하는 이기주의자이다. 합리적 이기주의자는 타인의 이익 옹호가 자신에게 이익이 된다는 것을 잘 알고 있다. 이런 사람을 합리적 이기주의자라고 한다. 합리적 이기주의자는 자신의 이익을 단견적으로 편협하게 추구하는 것이 아니라 장기적 안목에서 넓은 식견을 가지고 추구한다.

자신이 타인의 이익을 인정하지 않는다면, 그 타인도 자신의 이익을 인정하지 않을 것이다. 그렇게 되면 결국 자신의 이익을 추구하기 매우 어렵거나 심지어 불가능해지게 된다. 따라서 합리적 이기주의자라면 타인의 이익을 인정해 주고, 자신의 이익도 보장받는 길을 택할 것이다. 따라서 합리적 이기주의자는 이타적 행위를 인정하고 행하기도 한다. 그러나 이들이 이타적 행위를 인정하는 이유는 타인에게 도움이 되는 것이 옳거나 정의롭다고 생각하기 때문이 아니다. 이들은 이타적이기보다는 오히려 이기적이다. 즉 이타적인 행위가 장기적으로는 자기에게 더 큰 이익을 제공한다고 믿기 때문이다.

합리적 이기주의자는 무지의 베일 속에서 그 사회의 최고 수혜자에게 최고의 이익을 주려 하지 않고, 최소 수혜자[3]에게 가능한 한 최고의 이익을 주는 원리를 도출할 것이다. 그러나 롤스의 도식은 단지 기초적인 통찰을 제공하기 위해 고안된 것이기 때문에, 의료 자원의 분배에 관해 함축하는 바가 무엇인지를 구분하기는 매우 어렵다. 그렇지만 의료 자원의 분배가 사회의 기초적인 문제라는 점에서 롤스의 정의 원리에 따른 의료 자원의 분배에 관한 고찰이 필요할 것이다.

롤스의 정의 이론에 따르면, 어떤 불평등이 최고의 이득을 산출한다고 해서 정당한 것은 아니다. 따라서 롤스의 정의 원리에 따른 의료 재화의 분배는 사회 전체의 총체적인 의료 자원의 총량이 극대화되는 방식으로 분배하기보다는 최소 수혜자에게 의료 재화를 최고로 분배하고자 할 것이다. 이것은 무지의 베일 속에 있는 합리적 이기주의자가 택할 수 있는 최선의 방법일 수 있다. 왜냐하면 무지의 베일 속에 있는 합리적 이기주의자는 자신이 어떤 위치에 있을 것인지 알 수 없기 때문에 자신이 최소 수혜자에 속할 것에 대비하여 최소 수혜자에게 최대 의료 재화를 제공할 수 있는 원리를 택할 것이다. 이것은 합리적 이기주의자가 택할 수 있는 보험의 일종이다. 그렇다면 이 견해는 공리주의에 따른 견해보다도 더 평등주의적이다.

그러나 의료 재화와 관련해서 최소 수혜자란 무엇을 의미하는가? 최소 수혜자는 통상 사회의 극빈층이라는 의미로 이해해도 큰 문제가 없다. 그러나 의료 재화에서 최소 수혜자는, 즉 의료 재화의 극빈층이 누구인지를 결정하는 것은 상당히 복잡한 문제이다. 다른 재화의 부족으로 의료 재화를 구매하지 못하는 사람들을 의미할 수도 있고, 단지 의료 시설이 부족한 지역의 주민을 의미할 수도 있다. 또는 의학의 현실적 한계와 관련된 최소 수혜자가 있을 수 있다. 말하자면 의학이 정복하지 못한 희귀 질병에 걸려 의료 서비스를 받지 못하는 경우이다. 희귀 질병에 걸린 환자가 의료 재화의 최소 수혜자라면, 그래서 이들에게 최대의 이익이 보장되어 할 것인가? 과연 합리적 이기주의자가 자신이 희귀 질병에 걸릴 확률이 희박함에도 이들의 최대 이익을 보장해야 한다고 이구동성으로 주장할 것인가? 합리적 이기주의자가 희박한 확률에도 불구하고 값비싼 보험을 구매할 것인가? 더구나 다른 한편으로 희귀 질병에 걸린 환자가 다른 재화는 누구보다도 많이 가진 부자라면 어떠한가?

롤스의 정의 이론이 평등주의적인 입장을 강력하게 실현하려는 것임에도 불구하고 최소 수혜자에게 최고의 혜택을 주려는 이런 정의의 관점은 여전히 불평등을 인정할 수 있을 것이다. 그리고 이런 불평등을 오히려 정의로운 것이라고 말할 수도 있을 것이다. 의료와 관련한 롤스의 정의 이론에서도 의학 기술과 서비스를 가장 잘 계발하고 발전시킬 수 있는 천부적 재능을 가진 엘리트를 체계적으로 선발할 의료 제도와 이런 엘리트에게 고액의 임금을 허용하는 의료 제도가 가능할 것이다. 물론 이것은 최소 수혜자에게 최고의 이익을 주기 위한 것이다. 이런 제도는 합리적인 이기주의자에 의해 선호될 만한 견해로 생각될 수 있다. 이러한 사람들은 엘리트 이외의 사람들에게 기회를 향상시킴으로써 엘리트에게 제공되는 고액의 임금을 정당화 할 것이다. 이익은 의료 소비자에게 점점 흘러가서 최소 수혜자가 획득하게 될 것이다. 그래서 모든 사람 또는 최소 수혜자에게 이득이 될 것이다. 엘리트와 일반인의 재화의 차이가 더 커질 수는 있지만 적어도 모든 사람이 절대적으로는 더 나아질 것이다.

그러나 롤스의 정의 이론을 의료 재화의 문제에 적용할 때, 어떤 결론이 도출될지는 분명하게 알 수 없다. 아마도 사회주의적인 평등주의 입장도 가능할 것이다. 상황에 따라서는 거의 모든 입장이 가능할 것으로 보인다. 왜냐하면 롤스의 원초적 입장은 단지 사유실험이며, 그 사유실험에 의해 도출된 정의 이론은 하나의 그럴듯한 통찰을 주기 위해 제공된 것이므로 그 구체적인 내용은 다를 수 없기 때문이다. 이러한 입장에서 구체적인 사례를 결정하는 것은 간단한 문제가 아니다. 어떤 사람들은 합리적인 선택자가 최소 수혜자의 복지를 선택하지 않고 평균적 복지나 복지의 총합을 목표할 것이라고 말한다. 그리고 어떤 상황에서는 평균적 수입을 극대화하는 원리를 선택할 것이라고 말하기도 한다. 그러나 최소 수혜자에게 이익을 주기 위해서 엘리트에게 고액의 임금을 주고 사회적 특혜를 주는 것은 신중하고 사려 깊은 타협의 산물이라고 생각할 수 있다. 지금까지 롤스의 정의론적 관점에서 의료 재화의 문제와 관련하여 간략히 살펴보았다. 그러나 보다 심도 있는 논의가 있어야만 한다. 보다 심도 있는 탐구는 의료 재화의 분배 문제에 있어서 새로운 길을 열어 줄 수 있기 때문이다.

## 6장 이성주의 그리고 의사와 환자의 관계 모델

1   헤라클레이토스와 프로타고라스의 견해를 비판하는 철학자는 소크라테스
    이다. 소크라테스는 자신의 이성주의 입장에서 이들에 대한 비판을 제기한
    다. 이들에 대한 소크라테스의 비판은 자신의 철학 전반을 이루며, 서구의
    이성주의의 시작이라 할 수도 있다. 본 글에서는 이에 대한 내용은 구체적
    으로 다루지 않겠다. 이에 대한 자세한 내용을 원한다면, 박종현, "헬라스
    인들의 존재탐구와 삶의 이론", 『헬라스 사상의 심층』, 서광사, 2001, 113-
    179쪽을 참조할 것.

2   소크라테스식 이성주의와 플라톤식 이성주의는 큰 차이는 없다. 물론 상세
    한 부분에서 이들이 차이가 있다할지라도, 본 글의 내용에서 그 차이는 아
    무런 영향을 미치지 못한다. 따라서 여기에서는 이 둘의 사상적 차이를 고
    려하지 않고 플라톤의 입장으로 총괄하여 다룰 것이다.

3   버트란트 러셀, 『서양의 지혜』, 이명제·곽강제 역, 서광사, 1990, 81쪽.

4   박종현, 앞의 책, 92쪽.

5   종교개혁은 신의 쇠퇴를 직접적으로 의도하는 것은 아니다. 종교개혁의 의
    미는 이성 담지자인 신을 대리해왔던 성직자를 거부하고 그 신과 직접 접
    촉한다는 것이다. 이런 생각은 이미 이성에 대한 독점 체제를 거부하는 것
    이다.

6   버트란트 러셀, 앞의 책, 252쪽.

7   인간이 이성을 타고난다는 점에서 플라톤적 사유는 자연을 이성의 절대적
    권위를 신에 의존하는 중세의 사유는 신의 섭리를 강조하는 견해이다.

8   Kymricka, W., "The Social Contract Tradition", *A Companion to Ethics*, Oxford
    Basil Blackwell, 1991, p.187.

9   Hobbes, T., *Philosophical Elements of a True Citizen*, 2, 1; *The English Works of
    Thomas Hobbes*, ed. W. Molesworth, 1839-1845, II, p.16.

10  버트란트 러셀, 『서양철학사』, 최민홍 역, 집문당, 1982, 696-697쪽.

11  이 사례는 우리나라에서 실제로 발생한 것이며, 이와 유사한 사례는 의료
    를 다루는 법정에서 흔히 발생하고 있다.

12  환자에 대한 의사의 무조건적 지배권을 인정하게 되면, 의사는 환자와 그
    보호자의 판단과 의견을 무시할 수 있기 때문에, 환자의 불만이 고조될 것
    이고, 심지어 의사의 횡포가 만연할 가능성도 있다.

13  이 구문은 "'의무ought to'는 '할 수 있다can'를 함축한다"라는 명제로 표현된

다. 할 수 없는 것을 하도록 명령하는 것은 모순이다. 예를 들면, 한 사회의 구성원이 아이를 낳아야 하는 의무가 있다고 할 때, 아이를 낳는 것이 의무라 할지라도 그 의무가 남자에게 부여되어서는 안 된다. 왜냐하면 남자는 아이를 낳을 수 없기 때문이다. 물론 "아이를 낳는다"는 언어적 의미를 임의적으로 수정하지 않는다면 그렇다. 할 수 있는 자에게만 할 수 있는 그것이 의무가 될 수 있다. 그러나 할 수 있는 모든 것이 의무가 되는 것은 아니다.

14  Veatch, R., "Models for ethical medicine in a revolutionary age", *Hastings Center Reports* 2, 1972를 참고할 것.

15  Childress, J. F. and Siegler, M., "Metaphors and Models of Doctor-Patient Relationships: There Implications for Autonomy", *Biomedical Ethics*, Mappes, T. A. and MeGrazia, D.(ed.), McGraw Hill, 2001, pp.72-73 참조. 두 형식의 구분은 온정적 간섭주의의 영어 어원인 'paternal'의 의미를 은유적으로 나타내보려는 시도에 의한 것이다. 그러나 은유metaphor를 사용하여 논의하는 경우 그 의미가 지나치게 강조되는 경향이 있다. 온정적 간섭주의의 메타포인 '부모와 자식'은 어떤 의미에서는 의료의 다른 의미를 무시하게 만들기도 한다. 즉 의사와 환자의 관계를 부모와 자식의 관계를 빌어서 설명하려고 하면 의사와 환자의 의료 서비스 제공자와 구매자로서의 특징은 사장돼 버리고 만다. 부모가 아무런 보답을 바라지 않고 자식을 위해 봉사하듯이 의사도 환자에게 보상을 바라지 않고 의료 서비스를 제공해야 하는 것처럼 인식되기 쉽다. 그러나 의사와 환자의 관계는 부모와 자식의 관계와 모든 면에서 동일한 것은 아니다.

16  Feinberg, J., "Harm and Self-interest", *Rights, Justice, and the Bonds of Liberty: Essays in Social Philosophy*, Princeton: Princeton University Press, 1980, pp. 45-68.

17  Beauchamp, T. L. and Walter, I., *Contemporary Issue in Bioethics*, 2007, p.56.

18  Childress, J. F. and Siegler, M., op. cit., pp.73-74.

19  2000년에 있었던 의사들의 의료 파업은 온정적 간섭주의를 버리고 계약자 모델로 의사와 환자의 관계가 설정되어야 한다는 것을 강변한 사례이다.

## 7장 분배적 정의와 의료

1  분배에 있어서 최종 결과의 정의는 분배의 현재 상태에 따른 "종국 결과적 정의"라고 말할 수 있는 것이다. 이 정의는 노직의 말을 빌리자면, 현재 시간 단면current time-slice 원리에 의해 결정된다.

2    이런 행운의 요소를 윤리적으로 정당화 할 수 있는 이론은 아리스토텔레스 윤리학과 이에 영향을 받은 현대의 덕 윤리학이다.

3    일반적으로 극빈층, 극빈자를 지칭하는 것으로 이해해도 무방하다.

# 제 4 부

# 의사와
# 의료윤리 교육

# 제8장

# 철학적 의료윤리 교육과
# 의료윤리 지침 교육

## 생명의료윤리 교육의 특성

오늘날 과학 문명과 산업 발달로 인해 생겨난 많은 사회적, 윤리적 문제들이 날로 증가하는 추세에 있다. 특히 오늘날 우리 사회의 두드러진 특징은 의학과 생명과학의 발달이다. 또한 이로써 현대인의 삶에서 가장 중요하고도 어려운 문제가 생겨나고 있다. 의학과 생명과학의 발달은 우리의 삶 전반에 영향을 미치며, 그동안 상상조차 할 수 없었던 윤리적 문젯거리들을 양산하였다. 의학과 생명과학 분야의 발달은 우리의 생명을 유지하거나 연장하고 건강에 매우 유익한 결과를 가져다 준 반면에, 한편으로 기존의 윤리 이론으로는 결코 해결할 수 없는 어려운 문제를 우리에게 안겨 주었다. 이제 우리는 마주한 적도 없는 어려운 문젯거리들과 씨름할 수밖에 없는 처지에 놓여 있다. 그러나 우리의 윤리는 이러한 사회적, 윤리적 문제들에 해결의 실마리조차도 제공하지 못한 채 이를 방치하고 있다.

의학과 생명과학의 발달에 의해 생겨난 윤리적 문제는 기존의 윤리 이론, 즉 근대의 규범 윤리로는 제대로 해명될 수 없다. 왜냐하면 근대의 규범 윤리는 의학과 생명과학의 발달에 의해 생겨난 문제들에 대해 전혀 의식하지 못한 상태에서 개진된 것이며, 이러한 문제에 대해 대처할 해결책 또한 마련하고 있지 못한 듯이 보이기 때문이다. 결국 이러한 문제를 해명해줄 새로운 윤리가 필요하다는 인식과 더불어 새로이 등장한 윤리 이론이 생명의료윤리이다.

생명의료윤리가 생명의 문제에 관해 새로운 비전을 제시하며 등장했다할지라도, 아직 그 실체가 무엇인지는 정확하게 그 모습을 드러내지 않았다. 생명의료윤리의 실체가 정확하게 드러나지 않았다고 말하는 이유는, 첫째, 생명의료윤리의 영역과 대상이 계속해서 확장되고 있으며, 둘째, 생명의료윤리 문제를 다루는 원리들이 계속해서 개발되고 있기 때문이다. 이런 까닭에 생명의료윤리에 대한 정확한 이해와 파악이 어려울 수 있다. 따라서 생명의료윤리 교육에도 이와 마찬가지 어려움이 있을 수밖에 없다. 이런 점에 주목하여 생명의료윤리 교육에서 주목해야 할 점을 간략하게 지적하는 것이 생명의료윤리 발전에도 기여할 수 있다. 그러나 생명의료윤리 교육이 주목해야 할 점을 밝히기 위해서는 먼저 생명의료윤리 교육의 주된 관심이 어디에 있어야 하는지를 해명해야 한다. 왜냐하면 생명의료윤리 교육의 주된 관심이 모범적인 의사나 연구자를 양성하는 것에 있는지, 아니면 생명의료윤리 논의의 분석적 탐구에 능한 전문가를 양성하는 것에 있는지에 따라 생명의료윤리 교육의 방법과 내용이 달라질 것이기 때문이다.

생명의료윤리 교육의 주된 관심은 생명의료윤리 교육의 주된 대상이 누구인지에 관한 논의를 통해 드러난다. 생명의료윤리의 주체는 진료와 관련된 분야에서는 의사이고, 연구와 관련된 분야에서는 의사를 포함한 연구자이며, 일반인은 단지 환자의 권리 분야에서만 주체로 등장한다. 더구나 생명의료윤리에서 일반인의 사유와 판단은 의사와 연구자를 통하여 실현된다. 생명의료윤리에서 일반인의 사유와 판단이 의사나 연구자에 의해 실현되는 특성과 이에 따른 문제점은 얼핏 단순해 보이지만, 먼저 해결해야 할 매우 중요한 의미를 품고 있다. 왜냐하면 생명의료윤리에서 의사나 연구자를 강조하여 의미를 부여한다면, 이들의 판단과 행위에 영향을 받게 되는 수많은 일반인들은 단지 피동적인 입장을 벗어날 길이 없기 때문이다. 따라서 생명의료윤리 교육의 주된 대상이 누구인지에 따라서 생명의료윤리 교육내용과 방법에 대한 주장이 달라질 수 있다는 것은 분명해 보인다.

　생명의료윤리 교육의 주된 대상이 누구인지에 따라 생명의료윤리 교육의 내용과 방법이 달라진다면, 즉 이 모범적인 의사나 연구자에 주된 대상으로 삼을 것인지, 의사나 연구자뿐만 아니라 이들의 활동에 영향을 받는 모든 사람, 즉 일반인 모두를 대상으로 삼을 것인지에 따라 교육의 내용과 방법이 설정될 것이다. 따라서 의사나 연구자를 포함한 일반인 모두를 생명의료윤리 교육의 주된 대상으로 삼는다면, 생명의료윤리 교육의 내용은 철학적 의료윤리와 그 분석적 탐구에 초점이 맞춰져야 한다.[1] 왜냐하면 일반인은 의사나 연구자의 생명의료윤리적 행위를 감시하고 조정하며 그 행위의 평가적 논의에 참여하고, 의사나 연구자는 이에 대한 방어와 대안들을 모색해야 하기 때문이다.

반면에 생명의료윤리 교육이 모범적인 의사나 연구자를 주된 대상으로 삼는 경우 철학적 의료윤리가 핵심이 될 필요는 없고, 의료윤리는 세계의사협회에서 제정하여 공포한 선언들을 교육하는 것만으로 충분하다는 주장이 제기될 수 있다. 그러나 이러한 주장이 과연 합당한 것인지 의문이다. 이런 주장을 받아들이면 생명의료윤리에 대한 분석적인 탐구는 부수적인 것으로 되어, 세계의사협회에서 제정하여 공포한 선언들의 도덕적 정당성에 관한 문제를 해명할 수 없기 때문이다. 결국 우리가 세계의사협회에서 제정하여 공포한 선언들을 준수해야 하는 이유는 무엇인지 그리고 이러한 선언들이 우리를 규제하는 근거가 무엇인지를 해명할 수 없게 된다.

따라서 단순히 의료윤리 선언들만을 교육하는 것만으로 충분하다는 주장을 살펴볼 필요가 있다. 그리고 이런 주장들의 문제점을 드러내 볼 필요가 있다. 이 논의 과정에서 철학적 의료윤리와 분석적 탐구가 생명의료윤리의 주된 교육내용이 되어야 한다는 결론에 자연스럽게 도달하게 된다. 이러한 논의를 위해서는 히포크라테스 선서와 세계의사협회의 여러 선언들을 간략히 소개하고, 히포크라테스 선서의 이념이 현대의 가치 이념과 부합할 수 있는지, 세계의사협회의 여러 선언들을 우리가 준수해야 하는 이유나 근거가 있는 것인지를 살펴보아야 한다.

그러나 이와 관련한 내용은 다음 장의 주제이다. 여기에서는 이 주제를 다루지 않을 것이다. 이와 관련한 논의는 다음 장에서 충분히 해명될 것이기 때문이다. 다만 논의를 단순화하기 위해서 히포크라테스 선서의 이념이 현대의 가치 이념과 부합하지 않는다는 점, 그리고 히포크라테스 선서에 근거해 있는 세계의사협회의 선언들도 마찬가지 이유에서, 또는 우리가 준수해야 하는 이유나 근거를 제공하지 못한다는 점에서 생명의료윤리 교육의 핵심이 되기는 어렵다는 것은 전제로 지적해두고자 한다.

따라서 세계의사협회 선언들의 내용만으로 이루어진 생명의료윤리 교육이 충분하지 않기 때문에 생명의료윤리 교육은 단순히 세계의사협회의 선언들을 반복 암기하는 수준에서 벗어나 이들의 도덕적 정당성을 평가하고 비판하는 능력을 기르며, 이를 통해 향후에 제기될 생명의료윤리 문제에 대처할 수 있어야 한다. 그러나 이런 교육을 생명윤리 교육을 받는 모든 사람에게 적용할 수 없다고 생각한다. 그래서 여기에서는 각각의 역할에 따라 생명윤리 교육의 내용과 정도가 달라질 수 있다는 것을 논구하고 있다.

## 생명의료윤리 교육의 실태

의료 영역에서 의료윤리와 규범에 관한 논의는 오랜 동안 그리고 활발하게 이루어졌다. 그리고 의과대학과 간호대학 등 의료관련 대학들에서 더 심도 있는 의료윤리 교육이 이루어져야 한다는 목소리도 높아지고 있다. 이에 따라 의료 관련 전문직 단체들도 의료윤리에 큰 관심을 가지게 되었다. 의료 전문직에 의료윤리 교육이 강화되어야 하며, 의료윤리 지침이 구체적으로 마련되어야 한다는 목소리는 당연한 것으로 여겨지게 되었다. 이러한 목소리에 결정적 힘을 보탠 것은 환자와 의사의 (권리) 관계에 대한 사회적 의식 변화이다. 환자와 의사의 관계에 대한 사회적 의식 변화는 사회의 자유주의 의식의 성숙과

맥을 같이하고 있다. 자유주의 의식의 성숙과 성장은 환자의 자기결정권을 강조하는 사회로 이행하게 하였다. 자기결정권을 강조하는 경향은 환자와 의사의 관계뿐만 아니라 사회 전반에 걸쳐서 폭넓게 이루어졌다.

그러나 우리 사회에서 자기결정권의 도입과 자각이 가장 늦게 이루어진 영역은 의료 전문직일 것이다. 오랫동안 의료 전문직과 환자의 관계, 특히 의사와 환자의 관계는 히포크라테스 윤리에 기초한 온정적 간섭주의가 강하게 자리하고 있었다. 그리고 비교적 최근까지도 이러한 이념이 의료윤리의 근간이라고 생각하였으며, 심지어 아직도 이러한 이념을 유지해야 한다고 주장하는 사람들도 여전히 존재한다. 우리 사회에서 의사와 환자의 관계에서 자율성 존중의 개념이 도입된 것은 그리 오래된 것이 아니다.

의료 영역에서 환자의 자기결정권의 자각은 2000년 의사 파업을 계기로 이루어졌다. 그 이전의 의사와 환자의 관계는 히포크라테스 선서에 의한 의사의 온정적 간섭주의가 환자를 지배하는 구조였다. 이러한 상황에서 환자의 치료결정이나 자율성은 묵살되기 일쑤였다. 의사는 환자의 질병 또는 건강과 관련하여 어버이로 또는 스승으로 간주되었으며, 환자의 치료와 건강에 대한 거의 전권을 행사하였다.[2] 물론 우리 사회는 1980년대 이후로 민주주의에 대한 요구가 최고조에 달했으며, 민주주의에 대한 요구는 개인의 자유에 대한 자각이 커졌고, 개인의 자유에 대한 요구가 강화되었다. 그러나 의료의 영역은 여전히 환자의 자율성, 자기결정권 등과 관련된 문제에서 낙후된 오지와 다름없었으며, 멀리 떨어진 섬처럼 고립되어 세상의 변화를 애써 외면하였다.

2000년 이후로 의료영역에서 환자의 자율성 또는 자기결정권에 대한 인식이 확산되면서, 환자의 질병과 웰빙에 대한 의사의 일방적인 결정에 의문을 제기하였다. 그리고 의사의 결정에 상응하는 환자의 자율성과 자기결정권에 대한 자각이 확산되었다. 환자의 자기결정권에 대한 자각에 의해 환자의 권리와 의무, 의사의 권리와 의무, 그리고 환자와 의사의 관계에 커다란 변화가 이루어졌다. 그리고 환자와 의사의 권리 관계에 대한 사회적 의식 변화는 '의료윤리와 규범에 대한 교육'(이하 '의료윤리 교육')의 필요성을 북돋우는 방향으로 이끌어 갔다. 실제로 2000년 이후로 그 이전과는 달리 거의 모든 의과대학과 간호대학에서 의료윤리 교육이 이루어지고 있다.

과거에는 의사가 단순히 히포크라테스 선서의 내용을 숙지하고, 그 선서가 요구하는 행동과 성품을 가지는 것이 훌륭한 의사의 표준으로 간주되었다. 그러나 환자의 자기결정권이 강조되는 사회에서 히포크라테스 선서의 내용은 훌륭한 의사가 될 수 있는 최소한의 기준도 제공하지 못하게 되었다.[3] 이러한 변화 덕분에 의료윤리 교육의 필요성을 강조하고 강화해야 한다는 목소리가 커지고 있다. 그러나 현재 의과대학에서 의료윤리 교육이 충실하게 이루어지고 있는지는 여전히 의문이다. 현재까지도 의과대학과 간호대학에서 의료윤리를 전공한 윤리학자가 의료윤리를 직접 교육하고 있는 경우는 흔치 않기 때문이다.

사실상 우리나라의 의과대학에서 의료윤리 교육은 아직도 제대로 이루어진다고 보기 어렵다. 심각한 문제는 의과대학에서 의료윤리 교육이 충실하게 이루어지지 못하는 이유가 의료윤리 교육의 필요성에 대한 인식의 부족 탓에 있는 것이 아니라는 것이다. 오랜 동안 의료윤리 교육의 중요성과 필요성이 강조되고 충분히 인식되고 있음에도 불구하고, 여러 현실적 문제는 충실한 교육을 어렵게 하고 있다. 충실한 의료윤리 교육을 어렵게 만드는 가장 현실적인 문제는 두 가지를 꼽을 수 있다. 첫째, 의료윤리 교육의 전문가 층이 두텁지 않다. 둘째, 의료윤리 교육 전문가를 의과대학에서 채용하려는 의지가 강력하지 않다.

현재 우리나라에는 41개의 의과대학 모두 의료윤리 교육을 시행하고 있다.[4] 이 중에서 의료윤리 전문가를 교수로 임용하여 의료윤리 교육을 하고 있는 대학은 그리 많지 않다. 나머지 다른 대학들은 일시적으로 의료윤리 전문가를 초빙하거나 학기 단위의 계약을 맺고 있어서 의료윤리 연구와 교육의 질을 높이는 데 한계가 있다. 더구나 유사학문 관련자가, 실제로는 유사학문이라고 보기도 어려울 정도이지만, 의료윤리 강의를 담당하고 있는 실정이다.

몇몇 비교적 규모가 큰 의과대학은 의료윤리 교육에 많은 투자와 노력을 기울이고 있지만, 상대적으로 규모가 작은 의과대학이 의료윤리 교육에 많은 지원을 하기에는 현실적으로 여러 어려움이 있다고 하소연하곤 한다. 또한 아직도 의료윤리를 담당할 만한 학자군이 충분히 형성되어 있지 않다. 물론 학자 집단이 충분히 형성되지 못한 이유는 학자들이 충분하다할지라도 상당수의 의과대학이 의료윤리 담당 교수를 확보하려는 노력이 없기 때문이며, 교수를 확보하려는 노력이 없기 때문에 또한 학자 집단이 충분히 형성되지 못하는 이유가 되고 있다.

그러나 윤리적 문제는 현실의 문제이다. 여건이 마련되어 있지 않다고 해서 윤리적 문제를 무시하거나 방치할 수는 없다. 우리가 존재함과 동시에 윤리적 문제는 우리의 곁에 항상 있기 때문이다. 우리가 존재하고 의료가 우리 사회를 구성하는 중요한 구성 요소라면, 의료와 관련된 윤리적 문제는 필연적으로 발생한다. 이러한 의료와 관련된 윤리적 문제를 해결하기 위해서는 무엇보다도 의과대학에서 의료윤리 교육은 중요한 주제로 다루어져야만 한다. 앞에서 말했듯이, 우리의 현실은 의과대학에서 의료윤리 교육을 충실히 수행하는 데 제약이 되고 있다. 그럼에도 불구하고 의과대학에서 의료윤리 교육은 이루어져야만 한다. 그리고 주어진 현실에서 최선의 의료윤리 교육이 이루어질 수 있는 방안을 찾아야 한다. 물론 주어진 현실을 개선하고, 최선의 의료윤리 교육을 위한 여건 마련도 동시에 이루어져야 한다는 것은 두 말할 필요도 없다. 다만 우리의 현실은 그다지 만족할 만한 수준에 있지 않다는 것을 잊어서는 안 된다는 것이다. 주어진 현실이 당장에 개선되지 않는다면, 그리하여 그러한 상황 속에서 당면한 윤리적 그리고 규범적 문제에 대처해야 한다면 차선의 방안을 모색해야만 한다는 것이다. 여기서는 이런 차선의 방안에 대해 논의해 볼 것이다.

## 의료윤리에서 실천과 타인의존성

의과대학은 물론이고 의료 관련 대학에서 의료윤리 교육이 충실히 이루어져야 한다는 것은 너무도 당연하므로 힘들여 설명할 필요가 없을 정도이다. 그러나 우리의 현실은 이런 교육이 충실히 이루어지기에는 이를 방해하는 현실적인 어려움이 산적해 있다. 그리고 이런 현실적인 문제가 짧은 시일 내로, 그리고 간단한 방법으로 해결될 것처럼 보이지도 않는다. 따라서 이러한 현실에도 불구하고 가장 현명한,

말하자면 차선의 방식을 찾아야 할 것이다. 이 차선의 방식의 의료윤리 교육이 이 논문의 주제이다. 그러나 이 논의를 진행하기에 앞서서 먼저 의료윤리가 여타의 윤리와 다른 차이점을 해명하는 것이 좋을 것이다. 왜냐하면 내가 생각하는 의료윤리와 여타 윤리의 차이점은 의료윤리의 중요한 특징이며, 따라서 이러한 특징을 염두에 둔 의료윤리 교육이 이루어져야 하기 때문이다.

모든 윤리적 논의에서 핵심적인 것은 관련된 영역에서 우리가 해야 할 옳은 행위가 무엇인지를 아는 일과 그 앎을 실천하는 일이다. 즉 도덕과 관련된 부분에서 옳은 행위가 무엇인지를 아는 것만으로 완성되는 것이 아니다. 해야 할 옳은 행위가 무엇인지를 아는 것도 물론 중요하지만, 많은 윤리학자는 옳은 행위가 무엇인지 아는 것과 그것을 실천하는 것 중에서 실천하는 것이 더 중요하다고 말한다. 의료윤리는 항상 규범의 형태로 나타나며, 의료윤리와 법이 중첩되는 현상이 여타의 윤리 영역에 비해 가장 두드러진다. 이런 점에서 의료윤리는 실천에 더 큰 중점을 두고 있는 윤리 영역이다.

도덕적 행위에서 옳은 행위가 무엇인지를 아는 것과 행하는 것은 동일인에 의해서 이루어지는 것이 일반적이다. 예를 들면, 나는 운전하면서 차선을 준수하는 것이 행해야 할 옳은 행위임을 인식하고 있으며 이것을 실천한다. 이것이 나의 의무이기 때문이다. 반면에, 의료윤리에서는 행해야 할 옳은 행위를 인식하는 것과 그 행위를 실천하는 것에는 반드시 그런 것은 아닐지라도 간극이 생겨난다. 당신이 의사나 의학 연구자가 아니라면, 의료나 연구와 관련한 문제에서 옳은 행위가 무엇인지를 인식하였다할지라도 그 행위는 당신이 실천할 수 있는 것이 아니다. 의료나 의학 연구와 관련한 많은 사례는 의사나 연구자가 아니라면 어떤 행위든 직접 실천하는 것은 거의 불가능하다.

실제로 의료 영역에서 실천은 거의 대부분 의료나 연구를 담당하는 의사를 포함한 연구자들을 매개로 해서 완성된다. 예를 들면 낙태나 안락사가 도덕적으로 허용되거나 용인될지라도 그 행위를 실천하는 것은 의사의 도움이 필요하다. 의사조력자살은 이러한 특성을 잘 보여주고 있다. 또한 환자의 자율적 결정은 그 결정을 존중하는 의사에 의해서 비로소 실질적인 효과를 가져올 수 있다. 말하자면 환자의 권리는 의사의 실천 여부에 의해서 존중되거나 거부될 수 있다.

윤리적 활동은 통상 두 영역으로 구분할 수 있다. 즉 우리가 해야 하는 행위가 무엇인지를 아는 것과 그 앎을 실천하는 부분으로 구분해 볼 수 있다. 윤리학에서 제기된 윤리적 문제는 우리가 해야 할 옳은 행위가 무엇인지를 아는 것만으로 해결되는 것이 아니다. 오히려 윤리학에서는 해야 할 옳은 행위가 무엇인지를 인지하는 것보다는 그 옳은 행위를 실천하는 것이 더 중요한 문제이다. 즉 제기된 윤리적 문제는 그 문제와 관련해서 옳은 행위로 인지된 행위를 실천함으로써 해소된다. 옳은 행위가 무엇인지를 아는 것을 인식의 문제라고 하고, 그 행위를 실천하는 것은 실천의 문제라고 한다. 윤리적 활동으로서 이 두 가지 문제는 통상 동일인에 의해 이루어진다. 즉 동일한 한 사람이 자신이 해야 할 옳은 행위가 무엇인지를 인식한 후, 옳은 것으로 인식된 행위를 실천하게 된다.

그러나 생명의료윤리는 앞에서 말했듯이 인식의 문제와 실천의 문제가 동일인에 의해 이루어지지 않을 수 있는 매우 특수한 예이다. 당신이 생명의료윤리와 관련하여 옳은 행위가 무엇인지를 인식했다할지라도, 그 행위는 인식 당사자인 당신이 의사나 연구자가 아니라면 당신에 의해 실천될 수 없다. 왜냐하면 생명의료윤리에서 허용되어 있거나 용인되는 행위라 할지라도, 많은 경우에 의사나 연구자가 아닌 일반인이 이 행위를 실천하는 것은 불가능한 경우가 많기 때문이다. 생명의료윤리에서 그 실천은 거의 대부분 의료나 연구를 담당하는 의사를 포함한 연구자들을 매개로 해서 완성된다. 예를 들면 낙태나 안락사가 도덕적으로 허용되거나 용인될지라도 이 행위를 실현하는 것은 의사의 도움이 필요할 것이다. 또한 환자의 자율적 결정은 그 결정을 존중하는 의사에 의해 실현되며, 따라서 환자의 권리는 의사의 실천 여부에 의해서 행사될 수 있다. 생명의료윤리의 행위 실현은 의사나 연구자에 크게 의존하고 있다.

윤리적 실천의 타인 의존성은 전문직 윤리의 핵심적인 특성이다. 따라서 의료윤리 교육에서 가장 중요하게 다루어져야 할 특성 중 하나가 바로 실천에 있어서 '타인 의존성'이다. 실제로 의료윤리의 원리나 규약 등은 이러한 타인 의존성을 명시적으로 인식하고 있든 그렇지 않든 타인 의존적 특성을 반영하고 있다. 의료윤리의 원리나 규약 등은 의사나 연구자들이 행해야 할 행위 실천에 대한 지침을 제공한다. 의료윤리 교육의 목표를 의사나 연구자들의 행위 실현에 둔다면, 그리하여 모범적인 의사나 연구자를 양성하려고 한다면, 의과대학에서 이루어지는 의료윤리 교육은 현재 시행되고 있는 의료 관행이나 의사협회의 선언과 규약 등을 교육하는 것만으로 충분할 수 있다.

# 생명의료윤리 교육 내용의 두 가능성

## - 철학적 생명의료윤리 교육 VS. 의료윤리 선언 및 지침 교육

　생명의료윤리의 타인 의존성, 즉 인식과 실천에서 분리 가능성과 관련하여 생명의료윤리 교육의 주된 대상과 관련된 문제가 생겨난다. 행위 실현에 윤리의 궁극적인 목적이 있다면, 생명의료윤리 교육이 생명의료윤리의 행위를 실천하는 대상인 의사나 연구자에 집중되어야 한다. 즉 생명의료윤리 교육은 의료를 담당하는 의사나 연구에 종사하는 연구자가 모범적인 행위를 할 수 있도록 구성되어야 한다. 그런데 생명의료윤리 교육의 목적이 모범적인 의사나 연구자를 양성한다는 목표를 위한 것이라면, 생명의료윤리 교육의 내용 또한 현재 시행되고 있는 의료적 관행이나 세계의사협회의 선언 내용만으로도 충분할 수 있다. 그렇다면 생명의료윤리의 문제는 의사나 연구자의 직업윤리의 한 부분에 불과하게 된다. 따라서 생명의료윤리 교육도 의사나 연구자를 모범적인 직업인으로 양성하기 위한 직업윤리 교육의 한 부분이 되고 만다.

　이런 관점을 받아들인다는 것은, 생명의료윤리 문제에 직접적으로 관련된 사람은 의사나 연구자이며 일반인은 의사나 연구자를 통해서만 생명의료윤리의 문제에 접근하게 되는 소극적이고 수동적인 관계에 있다는 것을 승인하는 셈이다. 그러나 생명의료윤리와 같은 중요한 학문 영역에서 단지 소극적이고 수동적인 관계만으로 문제를 해결하려는 태도가 바람직한 것인지는 의문이다. 따라서 우리는 생명의료윤리 교육의 범위와 관련해서 다음과 같이 물을 수 있다. 즉 의사나 연구자의 윤리적 행위에 관한, 어떤 의미에서는 이들이 직업윤리에 한정된 내용을 담을 것인가, 아니면 좀 더 포괄적인, 즉 의사나 연구자의 직업윤리를 기초짓는 보편원리를 찾는 탐구 내용을 담을 것인가?

생명의료윤리 교육의 주된 관심이 모범적인 의사와 연구자라면, 일단은 이들이 결성한 각 단체나 협회가 제시하고 있는 선언들만으로도 의료윤리 교육에 충분하다는 주장이 가능하다. 이러한 선언들이 제시하고 있는 규범들을 숙지하고 실천하는 것만으로도 모범적인 의사나 연구자가 되기에 충분하기 때문이다. 이런 입장은 래난 길론Raanan Gillon이 말하고 있는 '철학적 의료윤리가 아닌 것'을 생명의료윤리 교육의 지표로 삼자는 주장으로 나아가게 된다.

길론은 의료윤리 교육의 지표를 설정하는 것과 관련하여 이 지표를 '철학적 의료윤리'와 '철학적 의료윤리가 아닌 것'으로 구분한다. 그에 따르면, 철학적 의료윤리는 "의료 실천의 맥락에서 규범, 가치, 옳고 그름, 좋고 나쁨, 무엇을 해야 하고 무엇을 하지 말아야 할 것인가와 관련된 의료윤리적 의사결정을 할 때 깔려 있는 개념, 가정, 믿음, 태도, 감정, 이유와 논변들을 비판적으로 반성하는 분석적 행위"이다. 또한 길론은 철학적 의료가 아닌 것을 설명하면서, 철학적 의료윤리의 부정적 방법을 사용하여 표현하고 있다. "철학적 의료윤리는 직업행동규칙을 인용하거나 만드는 것이 아니다. 철학적 의료윤리는 어떤 특정한 공동체의 태도나 관습, 도덕을 발견하고자 하는 사회학적, 심리학적, 인류학적, 역사적 노력이 아니다. 철학적 의료윤리는 종교적 규칙들이나 감정의 표현이 아니다."[5] 그렇다면 철학적 의료윤리가 아닌 것은 직업 행동 규칙, 공동체의 태도나 관습, 도덕을 발견하는 일이다. 이것이 의료윤리 교육에 적용되면, 의료윤리 지침을 교육하는 것에 해당할 것이다.

다른 한편으로 생명의료윤리 교육의 주된 관심이 생명의료윤리 문제에 대한 평가와 비판에 있는 것이라면, 즉 시민으로서 생명의료윤리 주제에 대한 건전한 비판을 통해, 도덕적 평가를 하고 도덕적 판단에 이르게 하기 위한 것이라면, 또한 의사나 연구자들이 세계의사협회 선언들을 단순히 수용하여 실천하는 것이 아니라 그 선언 내용의 정당성을 평가하고자 한다면, 의료관련 단체의 선언들을 숙지하여 실천하는 것만으로 충분하지 않다. 왜냐하면 건전한 도덕적 판단과 도덕적 평가에 이르기 위해서는 자신의 판단에 대한 도덕적 정당화를 필요로 하기 때문이다. 더구나 의료관련 단체의 선언들이 과연 도덕적으로 정당화된 주장들인지도 의문이다. 이러한 관점을 유지하는 것은 길론이 말하는 '철학적 의료윤리'의 길로 나아가게 할 것이다.

길론은 철학적 의료윤리를 "의료 실천의 맥락에서 규범, 가치, 옳고 그름, 좋고 나쁨, 무엇을 해야 하고 무엇을 하지 말아야 할 것인가에 관련된 의료윤리적 의사결정을 할 때 깔려 있는 개념, 가정, 믿음, 태도, 감정, 이유와 논변들을 비판적으로 반성하는 분석적 행위"라고 말한다.[6] 그리고 그는 이런 철학적 의료윤리의 목적을 의료윤리적 결정들을 좀 더 사려 깊고 지적으로 엄격한 것으로 만들려는 것이며, 모든 개별적 경우에 적용되는 보편적 원칙을 기초로 한 일관되고 포괄적인 도덕이론을 구성하고 방어하는 것이라고 말하며, 철학적 의료윤리의 성격은 근본적으로 비판적이며, 이것은 "반성되지 않은 삶은 인간의 삶이 아니라"는 소크라테스적 전통에 속하는 것이라고 주장한다.

오늘날 과학과 산업의 발전은 우리 사회에 많은 윤리적 문젯거리를 야기하였다. 그리고 이러한 윤리적 문젯거리는 기존의 도덕적 관념이나 원리로는 그 많은 노력에도 불구하고 해결의 실마리조차 제공하지 못한 채 방치되어 있는 실정이다. 그렇다고 의료윤리 연구의 진전에 대해 부정할 필요는 없다. 아직도 우리는 지금껏 생각하지도 못했던 그리고 과거에는 마주한 적이 없는 어려운 윤리적 문젯거리들과 씨름하고 있으며, 계속해서 씨름할 것이다. 그러나 이러한 씨름의 분명한 결과는 아직 도출되지 않았다. 철학적 방법이 사용된다는 것은 아직 그 문제에 대한 해결책이 제시되지 않았다는 것을 의미하기 때문이다.

의료 영역의 윤리적 문젯거리들이 분명하게 해결되지 않았으며, 그 해결의 실마리조차도 보이지 않는다면, 윤리적 실천의 최전방에 있는 의사나 연구자들에게 어떤 행동을 하는 것이 바람직한지 분명한 대답을 해주지 못하게 된다. 그러나 의사와 연구자를 포함한 우리 모두는 윤리적 실천과 분리된 삶을 살 수 없다. 우리는 매 순간마다 윤리적 결정을 내리며 살아간다. 철학적 윤리가, 말하자면 철학적 의료윤리가 무엇이 옳은지, 우리가 어떤 실천을 해야 하는지에 대해 분명한 대답을 제공하지 못하더라도, 우리는 그 상황에 합당한 윤리적 행위를 실천해야만 한다. 이때 우리에게 필요한 것은 설령 임시적일지라도 그 상황에서 적용할 수 있는 지침과 규약이 필요하다. 물론 이 지침과 규약이 아직은 불완전하고 근거가 약할지라도 점진적으로 개정되고 수정되어 보다 충실해지고 완전해질 수 있다는 희망만 있다면, 우선은 우리에게 주어진 규약이나 지침을 온당하게 받아들이는 것이 합리적일 것이다.

## 의료윤리 교육에서 목적과 대상의 구분

　　의료윤리의 목적과 내용은 오랜 시간에 걸쳐서 많은 논의가 이루어졌다. 그러나 의료윤리 교육의 목적과 내용에 대해서는 상대적으로 논의가 충분하지 못하다. 사실 의료윤리 교육의 목적과 내용에 대한 논의는 거의 이루어지지 않았으며, 설령 이루어졌다할지라도, 잘못된 방향에서 이루어지고 있다. 왜냐하면 의료윤리 교육이 제대로 된 방향으로 나아가기 위해서는 의료윤리 교육의 목적, 대상 그리고 내용이 서로 상관성의 측면에서 분석되어야 하며, 이러한 분석을 토대로, 상호 관련성을 토대로 교육이 이루어져야 하기 때문이다. 그러나 이런 세밀한 분석없이 너무도 막연한 의료윤리 교육을 주장하고, 이를 실천해오고 있다. 따라서 의료윤리 교육의 내용과 방향이 제자리를 잡으려면 의료윤리 교육의 목적, 교육 대상 그리고 교육의 내용이 어떻게 관련되어 있는지가 먼저 해명되어야 한다. 이런 자각은 의료윤리 교육의 목적 그리고 교육 대상이 어떻게 분류될 수 있는지를 간략하게나마 제시할 것을 요구한다. 또한 의료윤리 교육의 목적과 교육 대상의 조합에 따라 교육 내용이 달라질 수 있다는 것도 해명할 필요가 있다.

　　의료윤리 교육을 올바르게 해명하기 위해서는 먼저 의료윤리 교육의 주된 관심이 어디에 있는지를 해명해야만 한다. 의료윤리 교육이 모범적인 의사나 연구자를 양성하기 위한 것인지 의료윤리의 논의들을 분석하고 탐구하려는 것인지가 먼저 해명되어야 한다. 또한 의료윤리 교육의 주된 교육대상이 누구인지도 역시 분명하게 드러나야 할 것이다. "의료윤리의 주체는, 진료와 관련된 분야에서는 의사이며, 연구와 관련된 분야에서는 의사를 포함한 연구자이고, 일반인은 단지 환자의 권리 분야에서만 주체로 등장한다. 더구나 의료윤리에서 일반인의 사유와 판단은 의사와 연구자를 통하여 실현된다."[7] 이것은 앞에서 말한 대로 의료윤리가 타인 의존성의 특성을 갖기 때문에 생겨난다.

이 문제는 일견 단순한 것처럼 보일 수 있지만, 매우 중요한 의미를 담고 있다. 의사나 연구자의 윤리적 측면을 특별히 강조한다면, 이들의 윤리적 판단과 행위에 의해서 많은 사람들은 단지 피동적으로 받아들일 수밖에 없으며, 스스로 자율적 판단과 자기결정권의 의미는 크게 훼손될 것이다. 따라서 의료윤리 교육에서 교육의 대상이 누구인지는 매우 중요하며, 그 교육 대상의 판단에 의해 영향받는 사람들의 측면도 고려하여야 할 것이다.

의료윤리 교육의 주된 대상에 따라서 의료윤리 교육의 내용과 방법이 달라져야 한다. 따라서 모범적인 의사나 연구자에 주된 대상으로 삼을 것인지, 의사나 연구자뿐만 아니라 이들의 활동에 영향을 받는 모든 사람, 즉 일반인 모두를 대상으로 삼을 것인지에 따라 교육의 내용과 방법이 설정되어야 할 것이다. 의료윤리 교육의 대상을 의료윤리학자가 되려는 사람들로 설정된다면, 철학적 의료윤리와 그 분석적 탐구가 의료윤리 교육의 내용이 되어야 한다. 그러나 의사나 연구자를 포함한 일반인이 자신의 상황에서 의료윤리와 관련한 바람직한 행위 실천을 하고자 하는 사람들을 대상으로 한다면, 의료윤리 지침이나 규범을 통해 행위 실천을 강화하기 위한 내용으로 구성되는 것이 바람직할 것이다.

1. 의료윤리 교육의 목적은 2가지로 구분될 수 있는 것처럼 보인다. 의료윤리 교육의 목적은 의사나 연구자가, 첫째, 윤리적으로 모

범적인 가치를 실천하게 만드는 것, 그리고 둘째, 의료윤리의 원리와 그 방향을 발견하고 탐색할 수 있는 능력을 함양하는 것으로 구분할 수 있다.

첫째 목적은 의사가 자신의 직업 활동을 수행하면서 그 직업에 걸맞은 윤리적 활동을 수행하도록 하기 위한 것이다. 즉 자신의 직업을 유능하게 수행하는 것은 물론이고 그 수행의 과정에서 부도덕한 활동을 하지 않거나 쉽사리 유혹에 빠지는 것을 방지하기 위한 것이다. 둘째 목적은 의료윤리와 관련된 학문을 연마하고 연구하며 후속세대를 교육할 수 있는 전문능력을 함양하기 위한 것이다. 이 둘째 목적은 의료전문 지식을 가진 사람이 의료윤리와 관련한 학문적 측면을 보다 충실하고 심도있는 이해를 갖게 하려는 목표에 기초해 있다. 즉, 의료지식을 가진 사람들은 의료윤리의 세밀하고 면밀한 부분을 이해할 수 있으며, 미묘한 측면에서 보다 유리한 입장을 가질 수 있다. 사실상 의료윤리가 의료와 윤리의 융합학문적 성격을 가지고 있기 때문에, 의사가 의료윤리를 탐색하고 연구하는 것은 바람직하며 권장할 만한 일이기도 하다.

2. 의료윤리 교육의 대상도 2가지로 구분할 수 있다. 의료윤리 교육의 대상은, 첫째, 모범적인 의사나 연구자가 되려는 사람들, 그리고 둘째, 의료윤리의 원리와 그 방향을 탐색하는 학자가 되려는 사람들로 구분할 수 있다.

첫째 대상인 모범적인 의사나 연구자가 되려는 사람들은 자신의 직업 활동에서 윤리적으로 올바른 활동과 그른 활동을 구분하는 것이 가장 중요하다. 단지 모범적인 의사나 연구자가 되려는 사람들에게 가장 필요한 것은 자신의 직업 활동에서 마땅히 지켜야 할 윤리적 지침을 숙지하는 것이다. 그리고 그 지침을 숙지한 후에 그 지침을 어기려는 유혹에 견뎌낼 수 있는 능력을 기르는 것이다. 반면에, 둘째 대상인 의료윤리의 원리를 탐색하여 분석하고 정당한 근거와 부당한 이유를 밝히려는 사람들에게도 이미 제시되어 있는 의료윤리 지침을 준수하는 것은 중요한 일이기는 하지만, 이 지침을 준수하는 것은 이들의 주요한 관심사가 아니다. 따라서 이들에게 의료윤리 지침을 강조하는 것은 교육적 효과를 거두기 어려울 것이다.

앞에서 간략하게 말했듯이, 의료윤리 교육의 목적과 대상 그리고 그 내용의 정도와 한도에 관해서는 아직도 분명하게 논의되어 있지 않다. 심지어 의료윤리 교육의 문제와 의료윤리의 문제를 혼동하거나 구분하지 않으려는 경향도 적지 않다. 따라서 의료윤리의 주제들과 의료윤리 교육의 주제들이 서로 다르다는 것을 분명하게 인식할 필요가 있다. 이러한 것들을 분명하게 인식하기 위해서는 의료윤리와 의료윤리 교육의 목적이 서로 다를 수 있다는 것, 그리고 의료윤리 교육에서는 어떤 대상을 교육할 것인지가 매우 중요한 요소로 등장할 수 있다는 것에 주의를 기울여야만 한다. 더구나 의료윤리 교육의 목적과 교육 대상에 따라서 의료윤리 교육의 내용이 달라질 수 있다는 것도 주목할 필요가 있다.

그러나 여기에서 주목하여 논의되어야 할 것은 의료윤리 교육의 첫 번째 목표를 받아들이는 것보다 두 번째 목표를 받아들이는 것이 의료윤리 교육 대상을 크게 줄이는 결과를 갖게 될 것이라는 점이다. 결국 두 번째 목표를 받아들이는 것은 의료윤리 교육 대상을 의과대학 학생에 초점을 두기보다는 의과대학 대학원생 이상에 초점을 두게 될 것이기 때문이다. 물론 의료윤리 교육 목적을 이렇게 이분법적으로 구분하고서 이에 근거하여 교육 대상을 분석하여 설명하는 것에는 상당한 문제가 있을 수 있다. 왜냐하면 이러한 구분법들은 항상 그 경계선상에 놓여 있는 대상들을 설명하는 데 어려움이 있기 때문이다. 그리고 이런 어려움은 적지 않은 문제를 야기하기 때문이다. 그러나 여기서는 이에 대해 상세하게 설명하지 않는 것이 좋을 듯하다. 이 글은 교육 목적에 있어서도 교육대상에 있어서도 어쨌든 선택의 문제를 다루기 때문이다.

## 도덕교육의 목적과 대상에 따른 내용의 구분

여기에서 논의하려는 의료윤리 교육의 중심 논의는 다음과 같은 핵심 주제를 중요한 구성 요소로 하여 이루어져 있다. 첫째, 의료윤리 교육의 목적은 무엇인가? 둘째, 의료윤리 교육의 대상은 누구인가? 셋째, 의료윤리를 교육할 교육 내용은 무엇인가? 넷째, 의료윤리를 어떤 방법으로 교육할 것인가? 그런데 이와 같은 네 가지 핵심 주제들, 즉 의료윤리 교육의 목적, 대상, 내용 그리고 방법은 서로 밀접한 관련성을 가지고 있다.

특히, 첫째 주제인 의료윤리 교육의 목적은 둘째 주제인 의료윤리 교육 대상과 매우 밀접하게 관련되어 있다. 왜냐하면 실제로 의료활동과 진료활동에 참여하는 의료인이 되려는 학생을 대상으로 삼을 것인지 의료활동이나 진료활동보다는 의료윤리 자체를 탐구하려는 의도를 가진 학생을 대상으로 삼을 것인지에 따라서 의료윤리 교육의 목적이 달라지기 때문이다. 따라서 첫째 주제와 둘째 주제는 동시에 논의되고 파악되어야 한다. 그리고 의료윤리 교육의 목적과 대상이 결정된 후에, 셋째 주제인 의료윤리 교육의 내용이 결정될 수 있으며, 결정된 의료윤리 교육의 내용에 근거하여 넷째 주제인 의료윤리 교육 방법이 결정될 수 있을 것이다. 먼저 첫째 주제인 의료윤리 교육의 목적과 더불어 둘째 주제인 교육 대상을 파악해 보고, 이를 기초로 삼아서 의료윤리 교육 내용과 교육 방법을 탐색해 볼 것이다.

도덕교육의 목적과 대상에 대한 분류는 앞에서 이미 살펴보았다. 이제 우리에게 필요한 것은 도덕 교육의 내용이다. 도덕 교육의 내용은 다음과 같이 분류될 수 있다.

3. 의료윤리 교육의 내용도 2가지로 구분할 수 있다. 의료윤리 교육의 내용은, 첫째, 의료윤리 선언이나 규약, 또는 널리 인정되고 있는 의료계의 관행을 포함한 잘 마련된 의료윤리 지침을 교육하는 것, 그리고 둘째, 의료윤리의 주요 개념과 원리를 이해하고 비판적으로 분석하여, 대안을 마련할 수 있는 철학적 의료윤리를 교육하는 것으로 구분할 수 있다.

이제 우리는 1. 의료윤리 교육의 목적으로 첫째, 의사나 연구자가 윤리적으로 모범적인 가치를 실천하게 만드는 것, 둘째, 의료윤리의 원리와 그 방향을 발견하고 탐색할 수 있는 능력을 함양하는 것이 있다는 것을 알고 있으며, 2. 의료윤리 교육의 대상으로 첫째, 모범적인 의사나 연구자가 되려는 사람들, 그리고 둘째 대상은 의료윤리의 원리와 그 방향을 탐색하는 학자가 되려는 사람들이 있다는 것을 알고 있다. 또한 3. 의료윤리 교육의 내용으로, 첫째, 의료윤리 선언이나 규약, 또는 널리 인정되고 있는 의료계의 관행을 포함한 잘 마련된 의료윤리 지침 교육과, 둘째, 의료윤리의 주요 개념과 원리를 이해하고 비판적으로 분석하여 대안을 마련할 수 있는 철학적 의료윤리 교육이 있다는 것을 알게 되었다.

의료윤리 교육뿐만 아니라, 모든 교육에서 교육의 목적과 대상 그리고 교육의 내용은 불가분의 관계이다. 어떤 목적을 가지고 어떤 대상을 교육할 것인지에 따라서 교육의 내용이 결정된다. 의료윤리 교육도 예외가 아니다. 이제 우리는 의료윤리 교육의 어떤 목적이 어떤 대상과 어울리며, 그들이 어떤 교육의 내용을 가질 것인지를 살펴보아야 한다. 물론 우리는 교육의 목적과 대상의 쌍들을 조합해보면서, 어떤 내용을 교육하는 것이 정합적이며 바람직한 것인지를 살펴볼 것이다.

앞에서 우리는 의료윤리 교육의 목적으로 모범적인 의사나 연구자를 육성하려는 것과 의료윤리의 원리와 그 방향을 발견하고 탐색할 수 있는 능력을 함양하는 것이 있다는 것을 인정하였다. 그리고 의료윤리 교육의 대상으로 모범적인 의사나 연구자가 되려는 사람들과 의료윤리의 원리와 그 방향을 탐색하는 학자가 되려는 사람들이 있다는 것을 받아들였다. 그래서 의료윤리 교육의 목적이 모범적인 의사나 연구자를 육성하려는 것이라면 의료나 진료에 실제로 종사하는 의료인이 되려는 학생들을 주 교육 대상으로 삼을 것이다. 반면에 의료윤리의 원리와 그 방향을 발견하고 탐색할 수 있는 능력을 함양하는 것이 의료윤리 교육의 목적이라면, 의료와 치료에 종사하는 실질적인 의료인이 되려는 학생이 아니라 의사로서 의료윤리 연구자나 학자가 되려는 학생을 주요 대상으로 삼게 될 것이다.

### 교육의 목적
1. 윤리적으로 모범적인 의사나 연구자 양성
2. 의료윤리 연구자 또는 교수 양성

### 교육의 대상
3. 의료 현장에서 활동할 의료인이 되고자 하는 학생들
4. 의료윤리 전문가나 교수가 되고자 하는 학생들

1과 3 그리고 2와 4의 결합은 얼핏 보아도 합당해 보인다. 1과 3의 결합을 A라 하고, 2와 4의 결합을 B라고 해보자. 그렇다면,

A: 윤리적으로 모범적인 의사나 연구자 양성을 목적으로 하고 의료 현장에서 활동할 의료인과 연구자가 되기를 희망하는 의대생을 대상으로 하는 교육

B: 의료윤리 연구자 또는 교수 양성을 목적으로 하고 의료윤리 전문가나 교수가 되기를 희망하는 학생을 대상으로 하는 교육

A와 B는 교육의 목적과 교육 대상의 결합이 서로 매우 상응하는 듯이 보인다. 따라서 A와 B는 각각 정합적으로 구성된 것처럼 보인다. 그렇다고 해서, 즉, 1과 3의 결합으로서 A와 2와 4의 결합으로서 B가 정합적이며 매우 그럴듯한 조합으로 보일지라도, 1과 4의 결합, 2와 3의 결합이 불가능한 것은 아닐 수 있다. 이 두 쌍의 결합이 불가능하지 않다면, 이에 대해 좀 더 살펴보는 것은 매우 당연하고 마땅할 것이다. 1과 4의 결합을 C, 2와 3의 결합을 D라고 해보자.

C: 윤리적으로 모범적인 의사나 연구자 양성을 목적으로 하고 의료윤리 전문가나 교수가 되기를 희망하는 학생을 대상으로 하는 교육

D: 의료윤리 연구자 또는 교수 양성을 목적으로 하고 의료현장에서 활동할 의료인과 연구자가 되기를 희망하는 학생을 대상으로 하는 교육

C와 D가 이와 같이 기술된다면, C와 D가 불가능한 것은 아닐지라도 결코 바람직한 조합이라고 말할 수는 없다. A의 경우에 모범적인 의사나 연구자를 목표로 삼는 의료윤리 교육이 모범적인 의사나 연구자가 되기를 희망하는 대상을 상대로 이들이 장차 활동하기에 알맞은 내용을 선정하는 것은 큰 문제가 없는 것처럼 보인다. 또한 B의 경우에도 의료윤리 연구자나 의료윤리 교수 양성을 목표로 삼는 의료윤리 교육이 이러한 직업을 꿈꾸는 대상들이 장차 갖추어야 할 능력을 함양하기 위한 교육 내용을 선정하는 것에도 큰 어려움이 없는 듯이 보인다.

그러나 모범적인 의사나 연구자 양성을 목표로 하면서 의료윤리 전문가나 교수가 되기를 희망하는 대상들이 갖추어야 할 능력을 함양하기 위한 의료윤리 교육 내용을 선정하는 것은 쉽사리 이해되지 않는다. 또한 의료윤리 연구자 또는 의료윤리 교수 양성을 목표로 하면서 장차 의료현장에서 활동하는 모범적인 활동가를 양성하기 위한 의료윤리 교육 내용을 생각하는 것은 크게 어리석어 보인다. 교육에는 각 대상에 맞는 교육 내용이 선정되어야 한다. 고등학생에 해당하는 교육 내용과 대학생에 해당하는 교육 내용은 달라야 하며 다를 수밖에 없기 때문이다. 따라서 의료윤리 전문가를 양성하기 위한 교육 내용과 의료 현장에서 활동하는 의사의 윤리 의식을 함양하기 위한 교육 내용은 달라야 하며 다를 수밖에 없다.

이제 우리는 의료윤리 교육의 목적으로 윤리적인 의료인 양성과 의료윤리를 연구하거나 교육하는 교수 양성이 있으며, 의료윤리 교육 대상으로 의료인을 희망하는 교육 대상과 의료윤리 연구자 또는 교수를 꿈꾸는 교육 대상이 있다는 것을 알고 있다. 그리고 이들 대상에 맞는 의료윤리 교육의 목표가 설정될 수 있다는 것도 알고 있다. 또한 교육 목적과 대상에 적절한 의료윤리 교육 내용이 달라진다는 것도 추론할 수 있다. 우리가 통상적인 지성을 지닌 사람이라면, A, B, C, D 중에서 C와 D가 적합하지 않다는 것도 쉽게 인정할 수 있을 것이다. 왜냐하면 모범적인 의사나 연구자 양성을 목표로 하면서 의료윤리 전문가나 의료윤리 교육을 목표로 하는 대상을 교육하는 것은 바람직하지 않으며, 또한 의료윤리 전문가나 의료윤리 교수 양성을 목표로 하면서 모범적인 의사나 연구자가 되기를 희망하는 사람들을 대상으로 삼는 것도 교육의 핵심을 크게 벗어나 있기 때문이다. 우리가 알고 있는 4가지 조합의 쌍 중에서 A와 B를 의료윤리 교육의 방법으로 선택하는 것은 합당해 보이지만, C와 D를 선택하는 것은 어리석은 일이 될 것이다. 따라서 우리의 의료윤리 교육은 A와 B 중에서 선택하여 이루어져야 한다.

물론 우리가 의료윤리 교육의 목적과 대상에 대해 1과 3의 조합과 2와 4의 조합, 즉 A와 B를 선택하였다하더라도, 이 선택지들이 교육 내용과 어떻게 연관되어 있는지를 살펴는 것은 매우 중요하다. 왜냐하면 결국 의료윤리 교육에서 가장 핵심적인, 어쩌면 목적이나 대상보다도 더 핵심적인 것은 교육 내용인 듯이 보이기 때문이다.

의료윤리의 교육 내용은 다음과 같이 두 가지로 분류 가능하다.

첫째, 의료윤리 선언이나 규약, 또는 널리 인정되고 있는 의료계의 관행 등을 교육 내용으로 삼는 것
둘째, 의료윤리의 주요 개념과 원리들을 비판적으로 분석하는, '철학적 의료윤리'를 교육 내용으로 삼는 것

위의 의료윤리 교육 내용에 대한 구분을 A 또는 B, 즉 우리가 교육 목적과 대상의 조합으로 타당하다고 앞에서 인정한 A 또는 B와 결합하여 다시금 네 가지 선택지를 제시해 볼 수 있다.

선택지 1. A와 첫째 교육 내용, 즉 의료윤리 선언이나 규약을 숙지시키는 교육의 결합
선택지 2. A와 둘째 교육 내용, 즉 의료윤리 원리를 비판하고 분석

하는 교육의 결합

선택지 3. B와 첫째 교육 내용, 즉 의료윤리 선언이나 규약을 숙지
시키는 교육의 결합

선택지 4. B와 둘째 교육 내용, 즉 의료윤리 원리를 비판하고 분석
하는 교육의 결합

우리는 이 4가지 선택지 중에서 선택지 2와 3은 바람직한 조합이
아니라는 것을 쉽게 이해할 수 있다. A가 둘째 교육 내용, 즉 의료윤리
원리를 비판하거나 분석하는 교육과 결합하는 것은 결코 바람직하지
않을 것이며, B가 첫째 교육 내용, 즉 의료윤리 선언이나 규약을 교육
하는 교육과 결합하는 것도 합당한 것은 아닐 것이다. A는 모범적인
의료인 양성이 목표이기 때문에, 의료윤리 원리를 비판하고 분석하는
교육이 불필요한 것은 아닐지라도, 교육의 여건과 현실이 충분히 만족
되지 않는다면 그 현실에 부합하는 교육으로 의료윤리 선언이나 규약
을 숙지하는 교육만으로도 설정된 목표를 충분히 달성할 수 있을 것이
다. 그러나 B는, 즉 의료윤리 전문가나 의료윤리 교수 양성을 목표로
삼는 교육은 현실이 열악하다고 해서 단지 의료윤리 선언이나 규약을
숙지하는 것으로는 교육의 목적과 목표를 결코 달성할 수 없을 것이다.

우리가 최종적인 선택지 1을 선택한다면, 의료윤리 교육의 목적을
윤리적인 의료인 양성에 두고서 진료에 종사하는 의료인을 지양하는
의대생을 대상으로 의료윤리 선언, 규약, 또는 관행들을 가르치면 될
것이다. 이에 반하여 4를 선택한다면, 훌륭한 의료윤리 연구자 또는 교
수 양성을 목적으로 이를 지향하는 의대생을 대상으로 '철학적 의료윤

리'를 가르쳐야 할 것이다. 앞에서 우리나라 의과대학이 처해 있는 현실에 대해 동의하였다. 물론 여건이 좋은 의과대학은 선택지 1과 4를 절충하고 보완한 다양한 교육이 가능할 것이다. 그러나 여건이 충분치 못한 대학에서는 선택지 1만으로도 의료윤리 교육의 목표를 달성하기에 부족하지 않을 것이다. 그리고 선택지 4에 해당하는 교육을 대학원에서 전문적으로 교육하는 것도 큰 문제는 없는 것처럼 보인다. 따라서 대학 학부생은 선택지 1의 방식으로 교육하고, 대학원생은 선택지 4를 선택하여 교육하더라도, 의료윤리 교육의 목표로 설정된 성과를 달성하는 것에는 전혀 문제가 없을 것이다.

## 현실적인 대안으로서 의료윤리 지침 교육

의료윤리 지침 교육이 합당할 수 있다할지라도, 의료윤리 지침들이 부적절하거나 부실하다면 소기의 목적을 달성할 수 없다는 지적이 제기될 수도 있을 것이다. 실제로 오래 전부터 의사윤리 지침의 근간으로 활용되어 온 히포크라테스의 전통은 "진실성, 프라이버시, 의료 자원의 분배, 공동체의 책임 및 연구 대상자의 이용 등과 같은 윤리적 문제를" 다루기에 적합하지 않다. 히포크라테스 전통에 따르는 도덕 지침들은 현대의 윤리적 문제들을 다루기에는 편협하다는 지적이 있다. 그래서 전통적인 도덕 지침들의 문제점을 인식하고 있는 현대의 많은 의료윤리학자들은 의료윤리 영역에 철학적 반성의 방법을 사용하려고 한다. 이들의 관점에서는, 이러한 철학적 반성이 방법이 "생명과학과 보건 의료에 접근하는 데 있어 지배적인 역할을 해 온 가정을 검토하고, 적절한 경우에는 이들 가정으로부터 거리를"[8] 둘 수 있게 하는 가장 바람직한 방법으로 간주되고 있다.

이러한 지적은 타당한 듯이 보인다. 말하자면 앞에서 설명된 의료윤리 지침을 통한 교육 방법은 철학적 반성을 통해 해결책을 스스로 찾아가게 하는 교육 방법이 아니다. 그러한 까닭에 어떤 면에서는 편협할 수 있으며, 그 지침들의 타당성과 부적절함에 대한 판단 기준을 그 자체 안에 가지고 있지 않다.[9] 그렇다면 그 지침이 잘못된 경우에, 우리는 잘못된 지침을 계속해서 교육하는 이중의 잘못을 범하게 될 것이다. 잘못된 것을 가르치는 잘못과 더불어 그렇게 배운 것을 실천하게 되는 이중의 잘못이 있게 된다. 그러나 이러한 주장은 이 세상의 모든 사람이 철학적 반성에 탁월한 능력을 가져야 한다는 비현실적인 잘못된 가정으로부터 출발한다. 이 주장은 철학적 반성의 능력을 갖추어야 하는 대상과 의료윤리 지침의 의미와 의의를 잘 숙지하는 것으로 대체로 만족될 수 있는 대상을 구분하지 못한 그른 주장이다.

실제로 의료윤리 지침은 편협하거나 그 타당성을 확보하지 못할 수 있다. 그러나 의료윤리 지침이 편협성에서 벗어나 타당한 것이 될 수 있게 해야 할 책무는 의료윤리 교육을 받는 대상이 아니라, 의료윤리 교육을 담당하거나, 또는 의료윤리 지침을 만들거나, 또는 그 정당성을 탐구하는 의료윤리 연구자들의 몫이다. 의료윤리 연구자들의 연구 성과에 의해 구성된 의료윤리 지침은 다시금 그들의 검토를 거치고 시간의 경과에 따라 수정되고 보완된다면, 그리하여 이것이 의사가 될 사람들에게 교육된다면 의료윤리 교육의 내용으로 손색이 없을 것으로 보인다.

철학적 반성 능력을 갖는 것은 한 순간에 이루어질 수 없는, 매우 많은 노력과 시간을 요구한다. 현실적으로 모든 의대생에게 철학적 반성 능력을 갖게 하는 것은, 그리하여 의료윤리의 전반적인 문제를 스스로 생각하고 판단하며 의료윤리가 나아갈 방향과 그 타당성까지 고려한 결정을 내릴 수 있는 능력을 갖추게 하는 것은 현 교육체계 안에서는 거의 불가능하다. 이러한 능력은 오랜 기간 동안 철학과에서 철학적 사유와 반성 능력을 함양할 수 있는 교육을 받은 학생들도 습득하기 어려운 능력이다. 또한 이런 능력은 일정한 능력 이상을 갖추지 못하면 그 실효성은 거의 없으며, 오히려 그 능력에 의한 부작용도 상당할 것으로 보인다. 이것은 상당 기간 철학적인 반성을 통한 훈련을 해 왔지만 충분히 이루어지지 않아서 괴상한 사유를 하고 마는, 일명 '괴짜'가 되어버리는 많은 경우들이 있다는 것에서도 알 수 있다.

따라서 의료윤리 실천에서 최대한의 모범적인 의사나 연구자가 되는 것은 더할 나위 없이 바람직한 일일 수 있지만, 그 목표 달성의 어려움을 생각해 본다면, 적어도 최소한의 모범적인 의사나 연구자가 된다고 해서 특별한 결함이 있다고 말하기는 어려울 것이다. 그렇다면 최선을 추구하다 전혀 달성하지 못하는 것보다 적절한 목표를 추구하여 근사치에 도달하는 것이 더 나은 것이듯이, 의료윤리 교육도 실천에 있어서 최대한을 추구하기보다는 현실을 감안한 가장 적절하고 합당한 그리하여 현실성 있는 목표를 설정하고 이에 도달하도록 채근하는 것이 더욱 바람직한 것일 수 있다. 최선이 불가능할 때 차선의 방법과 선택은 부당한 것도 잘못된 것도 아니다.

## 의료윤리 규범 교육의 방향

의료윤리 교육에서 의료윤리 지침을 교육하는 것은 최소한의 교육이라는 것을 인정해야만 한다. 최소한의 교육만으로는 충분한 교육 효과를 거두기 어렵다. 더구나 최소한의 교육마저 충실히 이루어지지 않는다면 교육의 효과를 기대하기 어려울 수도 있다. 그래서 충실한 교육 내용이 중요하다. 의료윤리 교육이 충실히 이루어지기 위해서는 의료윤리 지침과 규범이 잘 기술되어 있어야 한다. 의료윤리 지침이나 규범이 잘 기술되어 있지 않다면, 의료윤리 교육의 최소한을 확보할수 없게 되기 때문이다. 말하자면 의료윤리 지침 교육이 성과를 거두기 위해서는 먼저 의료윤리 지침이 잘 기술되어 있어야 하며, 잘 기술된 지침이나 규약을 충실히 교육해야만 한다.

그러나 완벽한 지침이나 규범이 기술된다는 것은 거의 불가능하다. 이런 문제를 보완할 수 있는 방법은 의료윤리 지침을 제정할 때 이미 제시되어 있는 세계의사회 등 여러 윤리 지침과 선언을 비판적으로 참고하는 것이다. 이때 비판적으로 참고한다는 것은 기술되어 제시된 의료윤리 지침을 무작정 온당한 것으로 받아들이기보다는 그 타당성을 고려하면서 발전적으로 모색해야 한다는 것이다. 이러한 태도는 철학적인 의료윤리 탐구라고 할 수 있다. 즉 의료윤리 지침 제정은 철학적 탐구에 기반을 두어야 한다. 그리고 잘 정리된 지침들에 해당하는 사례를 제시하여 지침들의 바탕이 되는 원리를 습득하게 하는 것이다. 말하자면 의료윤리 교육은, 적어도 바람직한 의사나 연구자를 목표로 하는 의료윤리 교육은 현실적 여건이 녹록지 않다는 점을 고려하여 철학적 탐구 능력을 함양하는 데 집중하기보다는 철학적 의료윤리학에 뿌리를 두고 만들어진 의료윤리 지침 등 규범적 의료윤리를 잘 습득하도록 하는 교육이 필요하다.

물론 의과대학에서 의료윤리를 잘 가르치기 위해서는 훌륭한 교수요원을 확보하여야 한다. 그러나 많은 의과대학은 이러한 교육 기반을 확보하기 어렵다고 불평한다. 이러한 불평이 사실이라면, 즉 교수요원을 확보할 수 있는 재원이 의과대학에 충분하지 않다면, 우수한 재원들이 의료윤리 전문가가 되려고 하지 않을 것이다. 그리고 이것은 거꾸로 우수한 재원들이 의료윤리 전문가가 되려고 하지 않는다면, 훌륭한 의료윤리 교육은 불가능할 수 있다. 이것은 악순환의 연속을 만들어 낼 것이다.

아마도 우리의 현실에서 이런 악순환은 당분간 지속될 것으로 보인다. 이런 악순환 속에서도 의료윤리 교육을 이끌어 나갈 수 있는 나름의 방법을 찾을 수는 있다. 의료윤리의 측면에서 모범적인 의사나 연구자가 되기를 원하는 사람들에게 의료 전문직으로서 자신의 윤리적 목표를 충실히 실현할 수 있는 교육 방법을 모색하는 것이다. 그것은 앞에서 제시한 A를 선택하는 것이다. 그리고 그 A는 의료윤리 선언이나 규약을 숙지시키는 교육과 결합되어야 한다. 물론 이런 방식의 의료윤리 교육은 차선의 방법이다. 그러나 현실적인 여건 속에서 선택할 수 있는 최선이기도 하다.

# 제9장

# 생명의료윤리의 주제와
# 생명의료윤리 교육

## 생명의료윤리 교육과
## 생명의료윤리 원리와 개념의 관계

앞 장에서 생명의료윤리 교육의 주된 목적과 대상을 의사나 연구자로 삼는 경우, 그 교육 내용은 단순한 생명의료윤리 규약이나 지침으로 족할 수 있지만, 이 내용을 사회 일반으로 확대하는 데에는 많은 문제가 있다는 것을 설명하였다. 특히 히포크라테스 선서와 그 전통에 따르는 생명의료윤리 교육을 지침으로 삼아 교육하는 것은 더욱 많은 문제가 있을 것이다. 그래서 이를 벗어나기 위해서는 생명의료윤리에서 논의되는 핵심적인 주제나 원리 또는 원칙들을 탐구할 필요가 있다. 여기에서는 이와 관련하여 간략한 설명을 제공하고자 한다.

철학적 의료윤리의 논의에서 핵심적으로 등장하는 많은 문제는 다음과 같은 두 문제로 환원된다. 지금 관심을 가지고 논의하는 주제의 대상으로서 생명체가 과연 인간인가?, 아니면 비인간인가? 그리고 생명체로서 그 대상을 죽일 수 있는가? 예를 들면, 안락사의 문제에서 뇌사 상태에 있는 환자가 과연 살아있는 인간인지, 비인간인지를 먼저 해명해야 한다. 그 뇌사의 환자가 인간이라면 안락사는 살인과 유사한 윤리적 문제를 발생시키기 때문이다. 반면에 뇌사의 환자가 살아 있지만 인간이 아니거나 이미 죽은 존재라면, 그 대상을 편히 죽이거나 죽도록 허용하고, 또는 죽은 존재의 장기를 활용하는 것은 상대적으로 심각한 윤리적 고민이 필요한 것은 아니다. 인간이 아닌 존재의 죽음과 이미 죽은 존재를 대하는 것에는 살인과 유사한 정도의 심각한 윤리적 문제는 통상 제기되지 않기 때문이다.[1]

사실 생명의료윤리 논의에서 죽음의 기준을 뇌사로 변경하고자 하는 이유도 여기에 있다. 뇌사의 대상을 죽은 존재로 간주한다면 살인과 유사한 윤리적 문제를 피할 수 있기 때문이다. 또한 낙태의 문제와 배아 연구의 문제에서도 수정된 순간 인간이 되는지, 아니면 수정된 이후의 배아에서 태아까지가 어느 한 시점에 인간이 되는지, 그렇다면 그 시점은 어디인지가 문제가 된다. 그 존재가 인간이 아니라면, 또는 인간이 아닌 시점이 있다면, 그 시점에서 낙태를 하거나 배아를 연구하는 것은 심각한 윤리적 문제를 낳지 않을 것이다. 그래서 특정 존재가 인간인지를 확인하는 것은 윤리적으로 매우 중요한 작업이다.

또 다른 하나의 문제는 인간이라 할지라도 그 존재를 죽이는 것이 윤리적으로 가능할 수 있는지의 여부이다. 이것은 자발적인 안락사와 의사조력자살에서 윤리적 논쟁을 발생시킨다. 두 경우에 의사능력을 가진 인간 또는 인격체가 죽여달라고 요청하며, 의사가 그 환자의 요청을 들어주어야 하는지가 쟁점이다. 또는 죽이는 것은 안 되지만 죽도록 방치하는 것은 가능한 것인지도 윤리적 논쟁의 큰 부분을 차지한다. 예를 들면 말기 환자나 심각한 중증장애를 가진 신생아가 폐렴에 걸리는 경우 항생제 처방을 하지 않고 죽도록 하는 것은 온당한 일인가? 아니면 의사는 이런 경우에도 환자를 살리기 위해 최선을 다해야 하는가?

이러한 문제를 해명하기 위해서는 가장 먼저 생물학적 종으로서 인간과 인격체로서 인간, 행위와 비행위, 죽임과 죽도록 방치함, 이중효과 이론과 같은 논의를 통해 제기되는 내용을 충분히 이해할 필요가 있다. 이 개념들과 이론들이 철학적 생명의료윤리 논쟁에서 가장 중요한 부분을 차지하며 중요한 역할을 담당하기 때문이다. 따라서 이 장의 설명은 앞 장에서 설명된 생명의료윤리 교육의 내용이 단순한 의료윤리 규약의 수준에 머무는 것은 바람직하지 않으며, 이에 대한 상당한 확장이 필요하다는 것을 드러내 줄 것이다.

## 생물학적 종으로서 인간과 인격체

생물학적 종으로서 인간은 칼 폰 린네Carl von Linné의 계통 분류에서 호모속에 속하는 한 종이다. 린네는 인간을 여타의 유인원류와 완전히 다른 계통으로 분류하여 인간만을 호모속에 배치하였다. 그가 나중에 크게 후회했다고는 하지만 인간을 동물과는 다른 특별한 종으로 분류한 덕분에 인간 종에 속하는 모든 구성원들은 동물과는 다른 매우 특별한 종으로 대우받고 있으며, 이 전통은 여전히 유지되고 있다. 특정한 문화에서 간혹 인간이 아닌 동물의 생명도 존중하고 신성하게 여기는 경우가 없지는 않지만, 대부분의 문화권에서는 통상 인간의 생명만을 존중하며, 서구 문화는 특히나 그러하다. 서구의 인간 중심 사유를 뒷받침하는 것은 인간이 신의 형상대로 만들어진 유일한 존재라는 기독교적 전통이다. 신은 이러한 인간에게 지구상의 모든 생명체를 지배할 수 있는 권한을 주었다. 또한 인간만이 불멸의 영혼을 가진, 그리하여 죽은 후에도 영원히 살아남는 존재이다.

어느 한 존재가 생물학적으로 인간 종에 속한다는 것이 특별히 존중받을 근거가 될 수 있는가? 이 물음에 긍정한다면, 종차별주의자 speciesism라는 비판에 직면하게 될 것이다. 사실 어떤 의미에서는 종에 의거해서 차별하는 것은 얼핏 별 문제가 아닌 것처럼 보일 수 있다. 그러나 인종차별주의자나 성차별주의자는 자기 집단의 일원이 다른 집단의 일원보다 더 많은 가치를 갖는다는 것을 당연한 것으로 여긴다. 종차별주의자의 사유도 인종차별주의와 성차별주의와 유사한 형식을 취한다. 인종차별주의자나 성차별주의자가 자기의 일원이라는 것 때문에 더 많은 가치를 부여하고 있는 것처럼, 종차별주의자는 자기 종의 일원이라는 이유로 자기 종의 구성원에게 더 많은 가치를 부여한다.

사실이 이렇다면, 우리는 심각한 문제를 안고 있다. 생물학적 종으로서 인간이라는 점 때문에 그 존재를 윤리적 고려의 대상에 포함시킨다면, 결국 우리는 마찬가지 이유에서 인종차별주의자나 성차별주의자를 인정해야만 한다. 인종차별주의자, 성차별주의자 그리고 종차별주의자는 각각 자신들이 속한 집단을 더 가치 있는 존재의 근거로 삼기 때문이다. 이들 모두는 차별을 위한 도덕적 근거로 '자신의 집단'을 제시하는 동일한 입장을 취한다. 이제 우리는 선택의 기로에 서 있다. 종차별주의자를 고수하기 위하여 인종차별주의자나 성차별주의자를 인정하거나, 이미 거의 모든 사람이 부당한 것으로 인정하고 있는 인종차별주의자나 성차별주의자를 거부해야 한다는 근거에서 종차별주의자를 부정해야 한다. 인종차별주의자나 성차별주의자를 인정하면서까지 종차별주의자를 고수하는 것은 바람직하지 않을 것이다. 사실 생물학적 종의 일원이라는 것이 특정한 도덕의 기준이 되지는 않는다는 생각은 일반적으로 인정될 수 있기 때문이다.

이러한 점 때문에 많은 사람은 생물학적 종으로서 인간이 도덕적인 기준이 되지 않는다고 생각한다. 그리고 도덕적인 기준으로 인격체라는 개념을 제시하고 있다. 로크는 인격체를 다른 시간 다른 장소에서 그 자체, 즉 동일한, 사유하는 존재로 간주될 수 있는 이성과 반성을 가진 존재로 정의했다. 오직 인격체만이 살고자 원할 수 있으며 미래를 계획할 수 있다. 왜냐하면 오직 인격체만이 자신의 미래 존재 가능성을 이해할 수 있기 때문이다. 따라서 그의 의사에 반해 인격체의 생명을 끝내는 것은 인격체가 아닌 존재의 생명을 끝내는 것과는 다르다.

인격체라는 개념을 도덕적 기준으로 삼는 것은 논의의 비일관성을 피할 수 있는 좋은 방법이라고 생각된다. 그러나 이에 따른 심각한 문제점이 부각될 수 있다. 인격체로서 인간의 기준에 따르게 되면 뇌사 상태의 인간, 그리고 비가역적 혼수상태의 인간, 배아, 태아, 심각한 결함을 가진 장애 신생아들은 인격체의 범위 안에 포함되지 않는다. 따라서 이러한 존재들의 안락사, 배아 연구, 낙태 등이 도덕적 제약에서 비교적 자유롭게 될 것이다. 그러나 많은 사람은 비가역적 혼수상태의 인간의 안락사, 낙태, 배아 연구, 심각한 결함을 가진 장애 신생아를 죽이거나 죽게 방치하는 것에 대해 혐오감을 보인다.

## 행위와 무행위: 죽임과 죽게 허용함

행위와 무행위(작위와 부작위, 이하 생략), 즉 죽임과 죽게 허용함의 문제는 "너는 죽이지 말라. 하지만 주제넘게 생명을 연장하려고 참견할 필요는 없다"는 아서 휴 클라프Arthur Hugh Clough의 『가장 최근의 십계명The Lastest Decalogue』에 잘 표현되어 있다. 적극적 안락사와 소극적 안락사 문제를 다룰 때, 이러한 구분에 의하여 많은 사람들은 적극적인 작위적 행위를 통해 환자를 죽이는 것은 도덕적으로 허용되지 않지만, 어떤 환자를 죽게 두는 것은 도덕적으로 허용될 수 있다고 생각한다.

이러한 구별은 죽이는 것과 죽게 두는 것의 구별이 치명적인 질병에 걸려서 죽고 싶어 하는 환자들에게 잘 적용될 수 있다는 생각과 상응한다. 자발적 안락사를 거부하는 사람들도 환자를 죽게 놔 둘 수는 있다고 생각한다. 즉 환자를 죽이는 것은 도덕적으로 부당하지만, 환자의 생명을 구하는 치료를 하지 않으면 환자가 더 빨리 죽을 것을 알면서도 생명을 구하는 치료를 중단할 수 있다고 생각한다. 행위와 무행위 또는 죽임과 죽게 방치함은 적극적인 안락사를 거부하고 소극적인 안락사는 찬성하는 입장에서 사용되는 개념이다. 그러나 제임스 레이첼스James Rachels는 행위와 무행위의 구별이 도덕적으로 적절하지 않다는 것을 보여주는 예를 제시했다. 스미스와 존스는 여섯 살짜리 사촌이 그들보다 먼저 죽으면 막대한 재산을 상속받게 되어 있다. 스미스가 욕실에서 그의 사촌을 익사시키고 사고처럼 보이게 만든다. 존스 역시 그의 사촌을 익사시키려고 한다. 하지만 욕실로 몰래 들어갈 때 그는 사촌이 미끄러지면서 머리를 바닥에 찧어 의식을 잃고 물속으로 미끄러져 들어가는 것을 목격하였다. 그러나 존스는 사촌을 구하지 않고 그가 완전히 죽을 때까지 기다린다. 그리고 만일 사촌이 물 위로 떠오르면 그의 머리를 다시 물속으로 밀어 넣을 준비가 되어 있다. 하지만 그 사촌은 익사한다.[2]

레이첼스에 따르면 스미스처럼 사촌을 익사시키는 것은 행위에 의한 경우이고, 존스처럼 물속에 미끄러져 스스로 익사하는 것을 방치하거나 단지 바라보는 것은 무행위에 해당한다. 이 두 경우가 행위인지 무행위인지를 제외하고는 거의 동일하다. 그러나 두 경우 사이에 도덕적인 차이가 있다고 생각하는 사람은 없다. 특히 물속에 밀어 넣어 죽이는 것보다 물에 빠져 죽을 때까지 기다리는 것이 죄가 덜하다고 판단하지도 않는다. 따라서 행위와 무행위의 구별, 죽이는 것과 죽게 방치하는 것의 구별에 도덕적인 차이는 없다.

또한 피터 싱어Peter Singer는 윌킨슨 경위의 말을 인용하며 행위와 무행위의 구별이 얼마나 어려운 것인지를 말하고 있다. "영양물 투입관을 제거하는 것은 의심할 바 없이 적극적 행위다. 생명이 인공호흡기로 유지되는 환자의 경우에 인공호흡기를 제거하는 것도 이와 유사하다. 그러나 나의 판단으로 이 두 경우 모두에서 그 행위가 적극적인 것이라고 할 수는 없을 것이다. 왜냐하면 그렇게 하는 것은 지나치게 미세한 구분을 도입하는 것이 될 것이기 때문이다. 코에서 위로 이어지는 관을 제거하는 대신에 그 관은 그대로 둔 채 더 이상 영양물을 공급하지 않는다면, 그것은 행위가 아니다. 다시금 … 인공호흡기를 제거하는 것이 적극적인 행위로 분류된다면, 12시간마다 다시 작동시켜야 하는 시간 기록계를 설치함으로써 얻은 결과도 이와 정확히 동일할 것이다. 나는 이것이 호흡과 음식물을 생략한 것이라고 생각한다. 즉 코에서 위로 이어지는 관의 제거나 호흡기의 전원을 끄는 것은 단순히 빼먹은 것, 즉 무행위이다."[3]

그러나 죽이는 것과 죽도록 방치하는 것의 도덕적인 차이가 환자를 해롭게 하는 것과 이롭게 하는 것의 차이에서 생겨난다고 말함으로써 이런 문제를 해결하려고 노력할 수 있다. 즉 의사는 환자를 해롭게 하지 않을 책임이 있지만, 언제나 이롭게 할 의무는 없다고 주장할 수 있다. 그러나 의사가 된다는 것은 환자를 도울 의무에 동의한다는 것이다. 따라서 의사가 환자를 도울 도덕적 의무가 없다는 데 근거하여 환자를 위해 생명을 구하는 치료를 제공하지 않는 무행위, 즉 죽게 방치하는 것을 정당화하려고 시도하는 것은 합당하지 못하다.

죽이는 것과 죽도록 방치하는 것의 도덕적 차이를 정당화할 수 있는 또 다른 방법으로, 죽게 방치하는 것이 환자에게 이익이 된다고 말함으로써 죽이는 것은 도덕적으로 그르지만 죽게 방치하는 것은 도덕적으로 인정될 수 있다고 주장해 볼 수 있다. 즉 환자의 생명을 구하기 위한 치료를 하지 않는 무행위는 생명을 구하는 치료를 제공하는 것보다 환자에게 이익이 되기 때문에 정당화된다. 예를 들면 치료할 수 없을 정도로 암이 넓게 전이된 환자에게는 인공심폐술을 시행하지 않는다, 왜냐하면 이 환자의 경우에 심폐소생술은 환자를 이롭게 하는 것이 아니라 오히려 해롭게 한다고 판단했기 때문이다.

그러나 다음과 같은 예를 생각해 보자. 동일한 환자가 심근경색을 일으켰다. 심폐소생술로 그를 소생시키고, 무의식 상태이기는 하지만 심장은 다시 뛰기 시작하였다. 그리고 산소호흡기를 부착하였다. 그러나 의사는 이 심폐소생술이 환자를 이롭게 하지 않을 것이라 생각한다. 그 환자는 무산소증에 의한 뇌 손상이 심각하다는 결정적 증거들이 나타났다. 의사는 환자에게서 인공호흡기를 뗐고, 환자는 즉시 죽었다.

전자의 예에서는 의사가 행위를 하지 않았다. 그러나 후자의 예에서는 의사는 행동하고 그 행동에 의해 환자의 죽음을 초래하였다. 이 경우 행위와 무행위, 죽임과 죽게 방치함의 기준에 의하면 전자의 예에서 의사의 무행위는 도덕적으로 옳지만, 후자의 예에서 의사의 행위는 도덕적으로 옳지 않다. 그러나 이익의 측면에서 두 예는 동일하다. 따라서 전자의 무행위가 도덕적으로 옳다면 후자의 행위도 옳아야 한다. 이와 같은 논의는 뇌사와 심폐사의 문제에서도 매우 중요하다. 이 논의는 장기 확보 측면에서 제기되기도 한다.

이런 생각은 뇌사에 관한 문제를 공식적으로 최초 제기한 하버드 뇌사위원회의 위원장이었던 헨리 비쳐Henry Beecher의 입장에서 잘 드러나 있다. "죽음을 새롭게 정의한다면 생명을 구할 수 있는 가능성이 있다. 왜냐하면 죽음에 대한 이런 정의를 받아들인다면, 그 이전보다 이식에 필요한 장기의 활력 조건이 크게 향상될 것이기 때문이다. 대책 없이 죽어가는 수많은 생명을 구할 수 있을 것이다. 우리가 선택한 죽었다고 말할 수 있는 어떤 단계든 그것은 임의적 결정이다. 심장사는 어떠한가? 머리카락은 여전히 자란다. 뇌사는 어떠한가? 심장은 여전히 뛸 수 있다. 그래서 뇌가 더 이상 기능하지 않는 비가역적 상태를 선택하는 것이 필요하다. 비록 뇌는 죽었지만 다른 장기는 유용한 상태인한 시점을 선택하는 것이 최선이다. 우리가 죽음에 대한 새로운 정의라고 말하면서 분명히 하려고 했던 것이 바로 이것이다."[4]

## 이중효과의 원리

이중효과의 원리는 토마스 아퀴나스Thomas Aquinas가 제기한 것으로, 선을 의도한 행위 과정에서 의도치 않게 악이 초래되는 경우를 도덕적으로 정당화하기 위한 것이다. 이중효과의 원리가 윤리적 원리로 도입된 이유는 단지 결과만을 가지고 행위를 도덕적으로 판단할 수 없다는 자각 때문이다. 행위를 도덕적으로 평가할 때에는 그 행위를 실행하는 의도가 포함되어야 한다는 것이다. 이중효과의 원리는 간단히 말해서 행위를 할 때 자신이 결과할 것으로 의도하지 않은 부가적인 결과에 대해서는 책임이 없다는 것이다. 이 경우에 그 의도하지 않은 행위의 결과가 그 행위 이전에 이미 예측할 수 있는 것이라 할지라도 그 행위의 결과를 의도하지 않았기 때문에 그 행위 결과에 책임이 없다.

예를 들면, 말기 암환자의 경우 통상 극심한 고통에 시달린다. 이들의 고통을 감소시키기 위해 마약성 진통제를 투여하는 것이 일반적이다. 그리고 이 진통제는 시간이 경과할수록 동일한 용량으로는 고통을 줄일 수 없다. 용량을 늘려야만 고통을 줄일 수 있게 된다. 그러나 어느 시점이 지나면 투여된 마약성 진통제의 용량이 증가하여 환자의 호흡 중추를 마비시켜 죽음에 이르게 할 수 있다. 이런 사실은 이미 예견될 수 있는 결과이다. 따라서 이중효과의 원리에 의하면, 설령 투여된 진통제가 그 환자를 죽음에 이르게 했다할지라도 그 결과를 의도한 것이 아니기 때문에, 예견된 결과라 하더라도 그 환자의 죽음에 대한 책임을 물을 수 없다는 것이다.

그러나 다음과 같은 예를 생각해 보자. 한 명의 건강한 사람의 장기를 이식하면 위독한 다섯 명의 환자를 살릴 수 있다고 해 보자. 이 경우 만약 의사의 의도가 한 명을 죽이는 데 있지 않고 다섯 명을 살리는 데 있다면, 과연 의사의 장기를 적출하는 행위가 도덕적으로 정당화될 수 있는가? 이와 같은 경우 한 명의 건강한 사람을 죽일 의도가 없었다고 볼 수 있는 것인가?[5]

또한 낙태를 원하는 사람이 자신의 성 관계가 임신을 예상하기는 했지만 임신을 의도한 것은 아니라고 말하면서 임신에 대한 책임이 없기 때문에 낙태를 할 수 있다는 주장은 정당할 것인가? 강간에 의한 임신이 그 임신을 의도하지 않아서, 책임이 없기 때문에 낙태가 도덕적으로 인정될 수 있는 것이라면, 성행위를 통한 임신도 예견된 것이지만 의도하지는 않았기 때문에 이 경우의 낙태도 인정될 수 있다는 결론에 이르게 된다. 그러나 이 경우에 임신에 대한 책임이 없다고 주장하는 것이 온당한지 의문이다.

여기에서 제시한 문제들과 주제는 규약의 형태로 담아내기 어렵다. 따라서 생명의료윤리 교육이 단순히 의료윤리 교육을 숙지시키는 방향으로 나아가는 것은 생명의료윤리의 핵심적 내용에서 벗어나며, 결국 생명의료윤리 교육의 기본 취지를 달성하지 못하게 될 것이다.

## 생명의료윤리 교육의 방향

생명의료윤리가 다루는 주제들은 생명의료윤리 교육의 내용을 구성한다. 그러나 생명의료윤리 논의에서 제시되는 모든 주제가 생명의료윤리 교육의 내용이 될 필요는 없다. 생명의료윤리 교육의 대상에 따라 교육 내용이 달라질 수 있기 때문이다. 그렇다면 생명의료윤리가 주로 관심을 가져야 할 대상이 무엇인가? 즉 생명의료윤리 교육을 통해 모범적인 의사나 연구자를 의도할 것인가, 아니면 생명의료윤리 문제에 대한 비판을 통해 윤리적 원리를 찾고, 이를 통해 생명의료윤리 문제를 논의할 수 있는 능력 함양을 의도할 것인가? 이런 물음과 상응하여 세계의사협회가 제정하여 발표한 선언과 규약의 내용만으로 생명의료윤리를 국한시킬 것인지, 즉 철학적 의료윤리가 아닌 것을 교육할 것인지, 비판 능력을 향상시킬 수 있는 철학적 의료윤리를 교육할 것인지가 결정되어야 한다.

위의 물음에 답하는 첫걸음은 히포크라테스 선서의 문제점을 파악하는 것이다. 그래서 이 책은 히포크라테스 선서의 문제점을 상세히 논의하였다. 그리고 철학적 의료윤리가 아닌 것, 즉 세계의사협회의 선언들만을 교육하는 것은 현대의 가치 이념에 부합하지 않을 수 있다는 것을 인정하는 것이다. 또한 이러한 선언 내용들의 윤리적 정당성에 대한 논의를 하기 위해서는 생명의료윤리 교육은 적어도 생명의료윤리 연구자를 위한 철학적 의료윤리 교육이 의과대학에서 충실히 이루어지는 것이 좋을 것이다. 이를 위해서는 철학적 의료윤리의 주요 원리들을 먼저 이해할 필요가 있다.

그러나 의과대학의 학부에서 철학적 의료윤리 교육이 교육의 주된 내용이 되는 것은 바람직하지 않다. 다만 의료윤리 선언과 규약의 근거를 위해서 필요하다. 의료윤리 선언과 규약의 윤리적 정당성을 위한 근거를 확고히 하기 위하여 생명의료윤리 논의에서 가장 논쟁이 되고, 그래서 생명의료윤리를 이해하는 데 핵심적인 주제 몇 가지를 앞에서 소개하였다. 현대의 생명의료윤리 관행의 변화, 즉 생명의 신성성에서 삶의 질 판단으로 변화하고 있다는 논변을 간략히 살펴보았다. 이 논의를 이해한다면, 생명윤리 교육에 대한 개괄적인 방향도 가늠해 볼 수 있을 것으로 보인다.

물론 세계의사협회의 선언들의 내용만으로 이루어진 생명의료윤리 교육은 충분하지 못하며, 생명의료윤리 논쟁의 핵심이 되는 개념이나 원리 또는 원칙에 대한 이해도 동반되어야 한다. 이런 이해가 반영된 생명의료윤리 교육이 시행된다면, 단순히 세계의사협회의 선언들을 반복 암기하는 수준에서 벗어나 이들의 도덕적 정당성을 평가하고 비판하는 능력을 기를 수 있으며, 이를 통해 향후에 제기될 생명의료윤리 문제에 대처할 수 있게 될 것이다. 생명의료윤리의 주제들을 바르게 이해한다면, 그리고 생명의료윤리 교육을 충분히 이해한다면, 생명의료윤리 교육의 목적은 충분히 달성될 것이다. 이런 관점에서 생명의료윤리 교육을 위한 한 단면으로서, 생명의료윤리 논의에서 사용되는 몇 가지 개념들에 대한 평가와 비판을 제공하였다.

## 8장 철학적 의료윤리 교육과 의료윤리 지침 교육

1   본 논의에서 철학적 의료윤리 또는 분석적 방법은 의료윤리 선언을 중심으로 한 수동적이고 제한적인 교육에 대한 대립어로 사용되었을 뿐이며, 철학과 분석적 방법에 대한 특별한 의미를 지칭하려는 것은 아니다. 이러한 구분은 래난 길론, 『의료윤리』, 박상혁 역, 아카넷, 2005에서 빌려왔다.

2   Edelstein, L., "The Hippocratic Oath: Text, Translation and Interpretation," *Ancient Medicine: Selected Papers of Ludwig Edelstein*, ed. Owsei Temkin and C. Lilian Temkin, Baltimore: The Johns Hopkins University Press, 1967, pp.3-64

3   이러한 문제점을 지적하고 있는 논문을 위해서는, Veatch, R. M. and Mason, C. G., "Hippocratic vs. Judeo-Christian Medical Ethics: Principles in Conflict," *The Journal of Religious Ehtics* 15, 1987, pp.86-105를 참조할 것.

4   가톨릭대학교 의과대학이 1980년 가장 먼저 의료윤리 교육을 시행한 이후로, 1990년에는 7개 대학(31개 중), 1996년에는 20개 대학(37개 중), 2003년에는 41개 모든 의과대학에서 의료윤리 관련 교과목을 개설하고 있다. 이에 대한 상세한 내용은, 맹광호, 「한국의과대학에서의 의료윤리 교육 현황분석」, 『의료윤리교육』, 6집, 한국의료윤리교육학회, 2003, 1쪽 참조.

5   래난 길론, 앞의 책, 13-14쪽.

6   위의 책, 14-15쪽.

7   장동익, 「생명의료윤리 교육의 두 가능성 고찰」, 『초등도덕교육』 23집, 한국초등도덕교육학회, 2007, 121쪽.

8   래난 길론, 앞의 책, 3쪽.

9   위의 책, 14-15쪽.


## 9장 생명의료윤리의 주제와 생명의료윤리 교육

1   그러나 이러한 경우라 할지라도 말기 환자의 자발적인 안락사의 문제나 의사조력 자살의 문제는 여전히 윤리적으로 어려운 문제로 남아 있게 된다.

2   Rachels, J., "Active and Passive euthanasia," *Contemporary Issue In Bioethics*, Beauchamp, T. L. and Walters, L., Wadsworth Publishing Company, p.292.

3   Singer, P., *Rethinking Life & Death*, St. Martin's Griffin, 1996(『삶과 죽음』, 장동익 역, 철학과 현실사, 2003, 102쪽). 이 인용문은 싱어가 쓴 *Airedale N.H.S. Trust v. Bland(C.A)*, February 1993, 2 Weekly Law Report, p.384를 인용한 것이다.

4    Beecher, H., "The New Definition of Death, Some Opposing Viewpoints", *International Journal of Clinical Pharmacology,* vol.5, 1971, pp.120-121.

5    이중효과의 원리에 관한 상세한 논의를 위해서는 임종식, 『생명의 시작과 끝』, 로뎀나무, 67-87쪽을 참조할 것.

# 찾아보기

# 저자

## 장동익

공주교육대학교 윤리교육과 교수이다. 성균관대학교 철학과를 졸업하고 동 대학원에서 석사와 박사학위를 받았다. 서울대학교 철학사상연구소 연구원을 지냈으며, 대한의사협회 윤리위원회 위원이었다. 관심 연구 분야는 덕윤리, 의료윤리, 환경윤리 등으로, 규범윤리를 주로 탐구하고 있다.

저서로 『철학은 말이야』(2022), 『낙태론자를 위한 변론』(2020), 『덕 이론 - 그 응용 윤리적 전망』(2019), 『로버트 노직, 무정부·국가·유토피아』(2017), 『덕윤리 - 그 발전과 전망』(2017), 『G.E. 무어의 윤리학』(2014) 등이 있으며, 번역서로 『덕이란 무엇인가』(2022), 『마음의 덕』(2016), 『자유주의 정치철학』(2006), 『삶과 죽음』(2003), 『덕의 부활』(2002) 등이 있다. 논문으로는 「An Analysis on Personalhood Argument for or against Aborriton」(2017), 「덕윤리, 유교윤리, 그리고 도덕교육」(2016), 「비대칭성, 아레테적 평가어, 그리고 덕 윤리」(2016), 「기아의 원인, 국제 원조, 그리고 도덕교육의 방향」(2015), 「환경 행위 윤리에서 환경 덕윤리로」(2014), 「덕윤리와 유덕한 행위자」(2013) 등이 있다.

# 의사는 윤리적
# 이어야 하는가

**초판발행** 2024년 1월 5일
**초판2쇄** 2025년 1월 15일

**지 은 이** 장동익
**펴 낸 이** 김성배
**펴 낸 곳** 도서출판 씨아이알

**책임편집** 신은미
**디 자 인** 송성용 엄해정
**제작책임** 김문갑

**등록번호** 제2-3285호
**등 록 일** 2001년 3월 19일
**주    소** (04626) 서울특별시 중구 필동로8길 43(예장동 1-151)
**전화번호** 02-2275-8603(대표)
**팩스번호** 02-2265-9394
**홈페이지** www.circom.co.kr

**I S B N** 979-11-6856-195-3 93190